Arthus-Bertrand • Hunde-Menschen/Menschen-Hunde

Yann Arthus-Bertrand

Hunde-Menschen
Menschen-Hunde

Texte von André Pittion-Rossillon
Vorwort von Elke Heidenreich

Müller
Rüschlikon

*Ich widme dieses Buch all jenen,
die die Freundlichkeit und Geduld
hatten, in mein Studio zu kommen -
seien sie nun in meinem Buch
abgebildet oder nicht.*

Vorwort

von
Elke Heidenreich

Der Mensch hätte den Hund domestiziert? Pah! Vielleicht vor ein paar tausend Jahren mal, heute ist es längst der Hund, der sich den Menschen hält und nicht umgekehrt. Gut, noch immer sind wir es, die den Kühlschrank öffnen können, aber das ist auch beinah schon alles. Sehen Sie sich nur das Titelphoto dieses Buches an: wer sitzt selbstverständlich vorn? Eben. Das Bild belegt noch eine weitere Tatsache: die Ähnlichkeit von Herr und Hund, bzw. natürlich Frau und Hund. Ja, so etwas kommt doch nicht von ungefähr! Von Anfang an wählen sich Mensch und Hund gegenseitig nach dem Aussehen aus, und im Laufe langer gemeinsamer Lebens- und Liebesgeschichten, von denen die Photos dieses Buches hinreichend erzählen, wird die Ähnlichkeit immer ausgeprägter, ja, oft fragt sich der Betrachter irritiert: wer ist denn hier Mensch, wer Hund? Z. B. die drei Melancholiker auf Seite 14, die allabendlich zusammen Gedichte lesen – was glauben Sie, wer liest vor? Ich tippe auf den Kleinen, links. Oder die beiden, die auf Seite 80/81 den Rütli-Schwur einüben – ja, sie sind ein einig Volk von Brüdern, die Hundebesitzer und ihre Partner, und natürlich könnte Monsieur Achille auf Seite 167 dieselbe blaue Zunge herausstrecken wie seine Chow-Chows, wenn er nur wollte.

Wir ahnen, wieviel Mühe es die Hunde in diesem Buch gekostet haben mag, ihre jeweiligen Menschen sinnvoll und einigermaßen elegant um Yann Arthus-Bertrands Holzkiste zu drapieren. Die Mühe hat sich gelohnt, es sind Bilder entstanden, die Geschichten, ja, ganze Romane erzählen – der für mich schönste Roman: Seite 138/139. Schade: mein Hund und ich, wir sind hier nicht verewigt. Hier haben wir es mit Rassehunden zu tun. Und meiner? Ein Bastard, typisch. Was will uns die Autorin dieses Vorworts damit sagen? Na!

Elke Heidenreich

Foto Elke Heidenreich:
Isolde Ohlbaum, München

Copyright © 1992 Sté Nlle des Editions du Chêne
Titel des französischen Originals: Les Chiens, erschienen bei Editions du Chêne,
43 Quai de Grenelle, F-75905 Paris Cedex 15
Die Übersetzung erfolgte durch Orith Tempelman.

ISBN 3-275-01060-3

2. Auflage 1995
Copyright © 1993 by Müller Rüschlikon Verlags AG, Gewerbestrasse 10, CH-6330 Cham
Foto Elke Heidenreich: Isolde Ohlbaum, D-80796 München
Sämtliche Rechte der Speicherung, Vervielfältigung und Verbreitung sind vorbehalten.

Satz: Vaihinger Satz + Druck, D-70563 Vaihingen an der Enz
Druck: Farbendruck Weber AG, CH-2501 Biel
Bindung: AGM, Art Graphique Moderne, F-76440 Forges les Eaux
Printed in Switzerland

Inhaltsverzeichnis

Einführung

Der Hund ist das erste Tier, das vom Menschen gezähmt worden ist. Das geschah vor nahezu 10'000 Jahren, als beide sich zusammentaten, um den schrecklichen Überlebenskampf zu gewinnen. Die dabei errungenen Siege haben den Hund dazu veranlasst, zunehmend die Autorität des Menschen zu akzeptieren. Im Verlaufe der Jahrhunderte und mit der Vermehrung und Diversifizierung der dem Hund anvertrauten Aufgaben haben sich ihre Beziehungen laufend verbessert; war zu Beginn nur ein beschränktes Vertrauen vorhanden, so hat sich daraus eine derart tiefe Freundschaft entwickelt, daß der Hund heute mit allen Mitgliedern der Familie, die ihn adoptiert hat, Freuden und Leiden teilt.

Als großer Hundefreund ist Yann Arthus-Bertrand seit jeher von der außergewöhnlichen Qualität der Beziehungen des Hundes mit seinen menschlichen Familienmitgliedern fasziniert gewesen. Das hat ihn dazu geführt, dieses Buch zu realisieren, und er hat sich bemüht, darin die Art und Weise hervorzuheben, wie der Hund seine Anhänglichkeit zu seinen Meistern ausdrückt. Mit diesem Buch wollte er auch denjenigen, die einen Hund kaufen möchten, helfen, den für sie und ihren Lebensstil am besten geeigneten Hund zu finden. So hat er sich an die Société centrale canine (SCC) gewandt, die sich seit 1882 bemüht, alle Hunderassen in Frankreich zu verbessern, und er hat sie gebeten, seinen Bildern kurze Kommentare über alle Rassen beizufügen.

Alle weltweit anerkannten Hunderassen sind im Namensregister der unter der Schirmherrschaft der Fédération cynologique internationale stehenden französischen SCC eingetragen. Die Rassen sind nach ihren zootechnischen Eigenheiten, ihrer geographischen Abstammung und ihren Fähigkeiten in zehn Gruppen eingeteilt. Diese Einteilung wurde auch im vorliegenden Buch beibehalten, da sie den Vorteil hat, zahlreiche und mühsame Wiederholungen zu vermeiden, indem die charakteristischen Merkmale, die alle Hunde einer Gruppe verbinden, nur in der jeweiligen Einführung zu jeder Gruppe aufgeführt werden.

Die Bilder sind amüsant, rührend oder erstaunlich und sie verraten vieles über die besonderen Beziehungen des Menschen mit seinem Hund. Jedes Bild wird durch einen kurzen Text mit Präzisionen und Anekdoten gestützt.

Schäfer- und Hütehunde

In prähistorischen Zeiten stellte der Mensch fest, daß der Instinkt des Hundes diesen bewog, Tiere zusammenzutreiben. Die Schäfer begnügten sich zuerst damit, diesen Instinkt auszunützen. Dann verspürten sie aber sehr schnell das Bedürfnis, Hunde zu besitzen, die mit Rücksicht auf die spezifischen Klimaverhältnisse ihrer Gegend und die Beschaffenheit der Weidegründe des Viehs besonders geeignet waren. Durch eine sinnvolle, progressive und kontrollierte Zuchtauswahl haben sie zahlreiche Schäfer- und Hütehunde geschaffen.

Die Arbeit des Schäferhundes besteht aus zwei unterschiedlichen Aspekten. Zum einen muß der Hund die Herde auf die Weide oder zurück in den Stall führen; dabei muß er aufpassen, daß die Herde geordnet läuft, um den Straßenverkehr nicht zu behindern; er achtet darauf, daß die Tiere im Strassengraben bleiben und bei Hindernissen (engen Durchgängen, Brücken, Barrieren usw.) in Einerkolonne gehen. Zum anderen muß der Hund die Tiere auf der Weide ständig bewachen, damit sie innerhalb der ihnen zugeteilten Grenzen bleiben, und jedes Tier, das sich entfernt, sofort wieder zurücktreiben.

Diese anspruchsvolle Arbeit bedingt außergewöhnliche Eigenschaften, wie Lebhaftigkeit, Intelligenz, Mut, Klarsicht und äußerst schnelle Reflexe. Der Schäferhund muß auch ausgesprochen athletische Eigenschaften aufweisen, da er wegen seiner Aufgabe täglich beeindruckende Strecken (40 bis 70 km) zurücklegt. Und schließlich muß er ein ausgezeichnetes Sichtgedächtnis haben, nur im richtigen Augenblick bellen und nie grundlos beissen.

Infolge der Entwicklung der landwirtschaftlichen Techniken sind die Viehhalter heutzutage viel weniger auf die Dienste der Schäferhunde angewiesen. Wegen der großen Vielseitigkeit, die sie durch die lange Ausübung ihrer früheren Aufgaben erlangt haben, hat man begonnen, diesen Hunden neue Aufgaben als Wächter, Suchhund, Drogen- und Sprengstoffschnüffler, Katastrophenhund, Blindenhund, Begleiter von Behinderten usw. zuzuteilen. Es ist übrigens interessant zu beobachten, daß die Landwirte seit einigen Jahren wieder vermehrt Schäferhunde einsetzen. Während sie ihnen vorher aber nur eine einzige Tierart anvertrauten, verlangen sie heute von ihnen, sowohl Kühe wie Schafe, Schweine wie Geflügel zu betreuen.

Die Schäfer- und Hütehunde gehören zur ersten Gruppe der internationalen Nomenklatur der Hunderassen. Diese erste Gruppe ist in zwei Untergruppen unterteilt. In der ersten Untergruppe sind die Schäferhunde aufgeführt, die von den Viehzüchtern für das tägliche Treiben und Bewachen des Viehs benützt werden. Die zweite Untergruppe, die der Hütehunde, betrifft die Rassen, die einst das Vieh, das für die Ernährung der Stadtbevölkerungen bestimmt war, zum Schlachthof treiben mussten.

Allen Hunden der ersten Gruppe sind heutzutage dieselben Aufgaben anvertraut. Trotzdem ist die Unterteilung beibehalten worden, um den Körpermerkmalen Rechnung zu tragen, die sich aus den früheren unterschiedlichen Verwendungsarten dieser Hunde entwickelt haben. Die Schweizer Sennenhunde, die auf Französisch Schweizer Hütehunde genannt werden, gehören trotzdem nicht zur zweiten Untergruppe. Als Hunde, die vorwiegend aus den Bergen stammen, sind sie logischerweise zusammen mit jener Kategorie der 2. Gruppe zugeordnet worden.

Belgischer Schäferhund

Er ist der Nachkomme verschiedener lokalen Schäferhunderassen, die 1891 durch Prof. Reul, dem Titular des Lehrstuhls für Tierzucht am Tierärztlichen Institut Brüssel, neu gruppiert wurden. Diese Neugruppierung hat erlaubt, vier Hunderassen von gleichem Körperbau zu erhalten, die sich nur durch ihre Fellfarbe und -struktur voneinander unterscheiden.
Elegant, robust, harmonisch gebaut, an ein Leben im Freien gewöhnt, kann er jedem Unwetter und allen Temperaturschwankungen trotzen. Wegen seiner großen Anpassungsfähigkeit kann er, wie der Deutsche Schäferhund, für jede Aufgabe eingesetzt werden. Er hat eine Schulterhöhe von ca. 62 cm, einen langen Kopf mit kleinen, dreieckigen Stehohren, einen länglichen Hals, einen kraftvollen, aber nicht schwerfälligen Körper. Er ist wachsam und aufmerksam, hat einen lebhaften, direkten und fragenden Blick, der eine große Intelligenz verrät. Seine Reaktionen sind unglaublich schnell; er ist immer in Bewegung und scheint unermüdlich zu sein. Er muß bereits im Welpenalter mit Geduld und Liebe, aber auch mit fester Hand erzogen werden. Er braucht viel Auslauf, um seinen natürlichen Bewegungsdrang ausleben zu können.

Belgischer Schäferhund
Malinois

Er hat eine schwarze Maske, und sein kurzstockhaariges Fell ist gelb mit leichter Wölkung (die Maske ist eine abstechende Färbung des Hundegesichts).
Übermütig und temperamentvoll zeigt Barox du Mas des Lavandes, wie gerne er die Anweisungen seines Meisters Guy Lamotte befolgt, indem er ihm auf die Arme springt, insbesondere nach einem Wettkampf.

Belgischer Schäferhund
Tervüren

Sein langstockhaariges Fell ist
mahagonirot mit dunkler Wölkung
und schwarzer Maske (man spricht
von Wölkung, wenn das gelbe
oder rote Fell eine Kohlestichelung
oder grauschwarze Schattierung
aufweist).
Elda du Bois des Tôt und ihre vier
Welpen gehören Frau Chantal
Jouannet.

Belgischer Schäferhund Laekenois

Es ist der am wenigsten zahlreiche der vier Schläge. Das Fell ist gelb mit Kohlestichelung an Fang und Rute, hart und zerzaust.

Die beiden Laekenois von Claude Adjadj beobachten äußerst aufmerksam alles, was er tut. So hat z.B. der Rüde, als er feststellte, wie sein Meister den Schlüssel im Schloß drehte, um die Türe zu öffnen, einmal versucht, es ihm gleich zu tun: er packte den Schlüssel mit den Zähnen und bewegte den Kopf, um den Schlüssel zu drehen, tat dies jedoch mit einer solchen Energie, daß der Schlüssel zerbrach.

Und was die Hündin Undine de l'Orchidée Noire betrifft, hat Herr Adjadj es einmal sehr bereut, daß er ihrem Geruchssinn zuwenig ver-

traute. Als er nach einer Hundeausstellung in Belgien feststellte, daß er seine Papiere verloren hatte, hinderte er Undine verärgert daran, unter den Nachbarwagen zu kriechen, und hieß sie, in den eigenen Wagen einzusteigen. Nach seiner Rückkehr in Frankreich wurde ihm telefonisch mitgeteilt, daß sein Parkingnachbar die Papiere unter seinem Wagen gefunden hatte und sie in Holland zu seiner Verfügung hielt. Hätte er seine Hündin gewähren lassen, hätte ihm diese die 900 km lange Reise erspart, die er unternehmen mußte, um seine Papiere abzuholen.

Belgischer Schäferhund
Grönendäl

Dieser Schlag zeichnet sich durch
sein langstockhaariges, tiefschwarzes Fell aus. Vulcain du Château
des Mousseaux und Doria du
Castel d'Argences, die Jean-
Michel Auvray gehören, sind hervorragende Rassevertreter.

Schipperke

Im Mittelalter hatten ihm die Bauern seiner Heimat Flandern die Bewachung der Herden anvertraut. Dieses belgische, lebhafte und aktive schwarze Teufelchen besitzt in der Tat alle Eigenschaften, die einen guten Schäferhund ausmachen. Sein Kopf mit der zugespitzten Schnauze und den kleinen, dreieckigen Ohren ähnelt dem eines Fuchses. Er hat einen sehr robusten, gedrungenen Hals, eine breite Brust und einen geraden Rücken. Sein schönes, tiefschwarzes Haarkleid ist dicht und widerstandsfähig. Der angeborene Stummelschwanz ist charakteristisch. Als robuster Hund ist er pflegeleicht. Er ist auch quirlig, wendig und unermüdlich und beobachtet ständig, was um ihn herum geschieht. Er liebt die Gesellschaft von Pferden.

Darüber hinaus ist er ein guter Maulwurfjäger. Man sollte nicht vergeßen, daß er trotz seiner geringen Körpergröße viel Bewegung braucht. Um so ruhig zu sein wie die beiden Hunde von Frau Pierre Marlière, muß der Schipperke eine feste, aber nicht brüskierende Erziehung genoßen haben. Be-Bop du Parc de l'Haÿ, 6jährig, hat mit Erfolg einen Test der natürlichen Fähigkeiten bestanden, in dem kontrolliert wird, ob der Schipperke in kritischen Situationen ruhig Blut bewahren kann.

Berger de Picardie

Er stammt von den Hunden ab, die die Kelten begleiteten, als diese Südost-Deutschland verließen, um Frankreich zu erobern. Er ist mittelgroß, elegant gebaut wenn auch ländlich aussehend, kräftig, muskulös und hat einen intelligenten und wachen Ausdruck. Sein Haarkleid ist halblang und gleicht dem eines Affenpinschers. Sein Kopf ist gut proportioniert, sein Hals kräftig und muskulös, sein Rücken gerade. Die Fellfarbe reicht von hellem Rehbraun bis zu grauschwarz, mit allen Zwischentönen, aber sein rauhes, sich harsch anfühlendes Haar darf keine großen weißen Flecken aufweisen oder weißgesprenkelt sein. Er hat einen spontanen und angenehmen Charakter und ist leicht erziehbar, aber er braucht eine feste - nicht brutale - Hand. Er zeigt

sich den Kindern seines Besitzers gegenüber sehr beschützerisch. Diesen Wesenszug zeigen auch Vanille und Annette, die beide wachsam sind und sofort eingreifen würden, wenn man sich Vincent Diard aggressiv nähern würde.

Berger de Brie, Briard

Diese sehr alte französische Rasse ist ein Schäferhund aus der Ebene, dessen genaue Herkunft nie ganz geklärt worden ist. Einige Kynologen sehen in ihm einen späten Nachkommen des prähistorischen Torfhundes, während andere der Meinung sind, dieser langhaarige Schäferhund sei das Kreuzungsprodukt eines Wasserspaniels und eines Beaucerons.
Er ist länger als hoch, hat einen starken und genügend langen Kopf, reich behaart mit üppigen Augenbrauen, Schnauz und Bart; die Haare bilden einen leichten Vorhang und fallen über die Augen. Seine Ohren sind hoch angesetzt und werden aufrecht getragen, seine Brust ist breit, sein Rücken gerade mit breiten Lenden und abgerundeter Kruppe. Er hat cha-

rakteristisches Ziegenhaar und muß kräftig gebürstet werden. Er ist ein gut proportionierter, lebhafter und kräftig gebauter Landhund. Obgleich bärbeißig anzusehen, ist er ein sehr treuer und zutraulicher Hund, der sich gerne in der Nähe seines Meisters aufhält, wie Lukas de L'Hermitrie, der sich an Peggy Jacoulot kuschelt. Man sollte jedoch nicht vergessen, daß dieser sportliche Hund viel Bewegung braucht und daß er das Leben in einer Wohnung nur erträgt, wenn er genügend Auslauf hat.

Berger de Beauce, Beauceron

Er ist verwandt mit dem kurzhaarigen, alten französischen Hirtenhund der Ebenen, der einst in ganz Frankreich verbreitet war. Pierre Mégnin, einer der Gründer der modernen Kynologie, war der Erste, der die Bezeichnung "Berger de Beauce" verwendete, und dies aus dem einfachen Grund, daß die Vertreter dieser Rasse in der Region der Ile-de-France 1888 besonders zahlreich waren.

Es ist ein urwüchsiger und robuster Hund von ahnsehnlicher Größe - er ist 65-70 cm hoch -, muskulös und sehr kraftvoll wirkend. Seine harmonische Erscheinung hat die Bewunderung der Schriftstellerin Colette hervorgerufen, die dieser Rasse sehr zugetan war. Der Beauceron hat einen länglichen, aber gut proportionierten Kopf, eine tiefe und weite Brust, einen völlig geraden Rücken und kräftige Gliedmassen mit wenig gewinkelten Sprunggelenken. Sein Fell ist kurz und kräftig, fest anliegend, schwarz oder schwarz mit rotgelben bis feuerroten oder grauen Abzeichen. In allen Fällen hat der Beauceron Abzeichen am Mittelfuß und an den Pfoten; daher auch die volkstümliche Bezeichnung bas rouge, d.h. Rotstrumpf.

Für eine harmonische Entwicklung seiner Fähigkeiten braucht er eine strenge, aber nie brutale Erziehung; dann entwickelt er eine exklusive Bindung an seinen Meister, der zu dem von ihm benötigten Führer wird. Dies ist auch der Fall für die beiden Beaucerons von Jacky Levilain, und insbesondere für Artus Sarah de la Mare aux Templiers, die immer an der Seite ihres Meisters zu finden ist.

Katalonischer Hirtenhund

Gos d'Atura Catala
Dringola de la Folie Myosotis und Eco, die beide Emmanuel Thisse gehören, zeigen gewisse Ähnlichkeiten mit dem französischen Berger des Pyrénées. Dies ist nicht erstaunlich, da beide Rassen wahrscheinlich aus tibetanischen Urhunden hervorgegangen sind.

Er ist höchstens 55 cm hoch, hat einen kräftigen Kopf mit feinen, dreieckigen Ohren. Sein gut bemuskelter Hals ist kurz, sein länglicher und kräftiger Körper verleiht ihm ein kraftvolles und wendiges Aussehen. Sein langes und borstiges Haar ist gerade oder leicht gewellt und bildet am Kopf Bart, Schnauz, Haarschopf und Augenbrauen, ohne die Augen jedoch zu verdecken. Sein Fell kann schwarz und weiß vermischt, grau, silbern und rostfarben oder auch dreifarbig sein. Der katalonische Hirtenhund ist vor allem ein Gebrauchshund, der sein Wesen nur dann vollständig entfaltet, wenn er eine Herde leitet. Er galoppiert nur, wenn er sehr weite Gebiete zur Verfügung hat, und er braucht viel Bewegung. Er verträgt sowohl Hitze und Kälte wie Unwetter.

Rauhaar-Collie

Rough-Collie

Er stammt von den Schäferhunden ab, die die römischen Legionen begleiteten, als sie unter der Führung von Caesar England eroberten. Er ist in der Leitung von Schafherden spezialisiert und hat sich vor allem in Schottland etabliert, wo die Schafe zahlreich vorkamen. Die offizielle Anerkennung der Rasse half, ihn einem breiten Publikum bekanntzumachen, das er durch seine Prestanz und Eleganz verführte. So wurde aus dem Collie bald ein reiner Begleithund, was die schottischen Schäfer bewog, andere Rassen einzusetzen, die ihre ursprüngliche Robustheit und Spezialfähigkeiten bewahrt hatten. Seine Treue wurde durch die Lassie-Abenteuer in Film und Fernsehen populär gemacht. Der maximal 61

cm hohe Collie wird wegen seiner harmonischen und bemerkenswert ausgewogenen Silhouette allgemein bewundert. Die natürliche Sympathie, die er auslöst, wird durch die charakteristische Sanftheit seines Augenausdrucks verstärkt, wie es der Blick zeigt, mit dem Bella di Volorio Herrn Olivo anschaut. Der Collie hat einen langen Körper und einen geraden Rücken; der hängende Schwanz mit leicht aufgebogener Spitze reicht bis zu den Sprunggelenken. Das Fell besteht aus ziemlich grobem, üppigem und geradem, sich hart anfühlendem Langhaar; es kann goldsable, tricolor, d.h. schwarz, weiß und rot, oder blue-merle (blau marmoriert) sein; alle drei Farbvariationen haben weiße und braune Abzeichen vor allem an Brust und Rutenspitze sowie an den Pfoten.

Kurzhaar-Collie

Smooth-Collie

Es gibt auch einen weit weniger verbreiteten Kurzhaar-Collie. Astrellita angel's tears, die brav neben Deborah Palmer sitzt, könnte den Film-Lassie konkurrenzieren: sie bewacht mit großer Zärtlichkeit und Wirksamkeit die Spiele der Neffen ihrer Meisterin, überwacht die Erziehung der Welpen des Haushalts und kümmert sich um die Körperpflege des Kaninchens und der Hamster.

Deutscher Schäferhund

Am Ende des 19. Jahrhunderts gab es in Deutschland zahlreiche Schäferhunderassen, wovon jede sehr unterschiedliche Körpermerkmale aufwies und ausschließlich in ihrer Herkunftsgegend verbreitet war. Durch die Vereinigung der 39 Staaten, im Jahre 1870, war bei den Deutschen ein sehr starkes Nationalgefühl entstanden, und dieses Gefühl bewog einen von der Kynologie begeisterten preussischen Offizier, Kapitän Von Stephanitz, die Schaffung einer neuen Rasse ins Auge zu fassen - einer Rasse, die alle Eigenschaften der regionalen Schäferhunderassen vereinigen würde und zu einem Symbol der deutschen Einheit werden würde. Als ihm sein Vorhaben gelungen war, nannte er die neue Rasse natürlicherweise "Deutscher Schäferhund".

Er ist 65 cm hoch, hat einen trockenen Kopf, einen kräftigen Fang und spitze Stehohren, eine feste Muskulatur, kräftige Lenden, einen gut entwickelten Rumpf und solide Gliedmaßen. Sein hartes und sehr dichtes Stockhaar macht ihn äußerst widerstandsfähig gegen schlechte Witterung. Die Winkelung seiner Gliedmaßen ermöglicht ihm einen rasanten Trab, den er über sehr weite Strecken beibehalten kann. Unerläßlich sind ausdauernde Bewegung und Beschäftigung dieses athletischen Hundes.

Wenn er gut erzogen worden ist - er braucht einen unbeugsamen aber gerechten Meister - ist er imstande, sich jeder Situation anzupassen. Er ist vielseitig und führt freudig alle Aufgaben aus, die man ihm anvertraut. Er ist auch ein äußerst treuer Begleiter und den Kindern ein guter Kamerad. So hat Christian Starosciak, als er einmal seine kleine Nichte Fanny suchte, sie schlafend zwischen den Pfoten von Eleazar du Normont gefunden; dieser dreijährige, ausgebildete Schutzhund bewachte liebevoll den Schlaf des Kindes und vermied jede Bewegung, um es nicht zu wecken.

Bouvier des Flandres

Diese Rasse stammt aus dem französisch-belgischen Flandern, das durch keine natürliche Grenze getrennt wird, und sie wird sowohl von Frankreich als auch von Belgien beansprucht. Die Streitigkeiten der Kynologen über den Ursprung der Rasse sind längst überholt: da die Zuchten durch die schweren Gefechte während der beiden Weltkriege weitgehend dezimiert wurden, haben sich die französischen und belgischen Züchter vereint, um die Rasse mit den wenigen überlebenden Vertretern wieder aufzubauen.

Der massive Eindruck des Kopfes wird durch den Bart und den Schnauz noch verstärkt. Der kurze, breite und sehr kraftvoll wirkende Körper ruht auf starkknochigen und muskulösen Gliedmaßen. Das sehr dichte Fell besteht aus harschem und rauhem, trockenem und mattem, zerzaustem Haar, am Körper ca. 6 cm lang, am Kopf kürzer; es ist normalerweise rehbraun oder grau, auch Pfeffer und Salz, manchmal mit schwärzlicher Maske, oder sogar ganz schwarz.

In dramatischen Umständen konnte Boby du Bas-Ferry die exklusive Liebe zeigen, die er seinem Meister Bernard Mauroy widmet: als sie sich zu einem Hundewettkampf begeben wollten, wurden sie in einen Verkehrsunfall verwickelt. Boby bewachte seinen ohnmächtigen Meister, bis die Sanität kam. Boby erlaubte nur diesen Leuten, sich seinem Meister zu nähern.

Sarplaninac

Dieser jugoslawische Hirtenhund stammt aus den Bergen von Sar Planina, die Kosovo von Nord-Mazedonien und Nordost-Albanien trennen. Der mittelgroße, kräftig gebaute Hund mit einer Höhe von 62 cm hat mittellange, ziemlich schmale, V-förmige und gut anliegende Klappohren. Sein Kopf ist gut proportioniert und paßt zum kraftvollen und eher langen Körper. Sein Haarkleid ist dicht und regelmäßig, mindestens 10 cm lang, die fast flachen und ziemlich groben Haare sind einfarbig eisengrau oder von jeder Schattierung zwischen weiß und dunkelbraun bis schwarz. Das Fell verlangt praktisch keine Pflege.

Der Sarplaninac eignet sich mehr für ein Leben auf dem Lande als in der Stadt, da er sehr viel Auslauf braucht; am liebsten bewegt er sich im Trab.

Gérard Millet behauptet oft, daß er bei Dimitri und seinem Weibchen lebt, und nicht umgekehrt. Dies zeigt, daß er seine Sarplaninacs so gut erzogen hat, daß sie sich vollständig in das Leben der Familie Millet integriert haben.

Schapendoes

Der Ursprung dieses langhaarigen Schäferhunds aus Holland ist nicht genau bekannt. Jedenfalls stammt er aus der Zeit, da noch große Schafherden gehalten wurden. Vielleicht ist er ein Kreuzungsprodukt eines kleinen asiatischen Urhunds und regionaler niederländischer Hunde.

Er ist robust, maximal 50 cm hoch, ausdauernd und sehr arbeitswillig. Sein Kopf ist mit dichtem Fell bedeckt, sein mittellanger Körper mit reichlichem und geradem, feinem und trockenem Fell. Alle Farbtöne zwischen schwarz und weiß sind zulässig sowie kastanienbraun.

Gentiane de la Vallée des Troglodytes steht stolz auf ihrer Kiste neben Marie-Claude Couty und zeigt trotz ihrer Jugend viel Selbstsicherheit; Fenouille de la Vallée des Troglodytes steht vor Claude Couprie und zeigt sich, wie es für eine siegesgewohnte Championnesse gebührt, völlig gleichmütig. Sie ist erst zwei Jahre alt.

Polnischer Niederungshütehund

Polski Owczarek Nizinny
Hundeliebhaber kennen ihn unter dem Namen Nizinny, und manchmal wird er auch Pon genannt.
Wie die meisten europäischen Schäferhunde stammt er von primitiven asiatischen Schäferhunden ab. Sein Kopf, insbesondere die Stirne, die Wangen und das Kinn, ist mit dichtem Haar bedeckt. Er ist 51 cm hoch und sein Körper ist langgestreckt; er hat einen flachen, stark bemuskelten Rücken und eine schräg abfallende Kruppe. Sein Fell ist lang, dicht und zottig (Ziegenhaar) und kann in allen Farben vorkommen.
Eliaska und Comte, genannt Droopy Z Doliny, die Patricia Noël, respektive Christa Lochner gehören, können der Versuchung eines Tennisballs unmöglich widerstehen, insbesondere wenn er von Kindern geworfen wird, deren Spiele sie sehr gerne teilen.

Puli

Dieser mittelgroße - er ist maximal 44 cm hoch -, ungarische Hund ist ein Abkömmling primitiver asiatischer Hunde, die das Leben von Nomaden teilten. Vermutlich gelangte er gegen Ende des 9. Jahrhunderts mit den Magyaren nach Ungarn.
Er ist ein urwüchsiger, trockener und gut bemuskelter Hund. Sein quadratischer Körper ist vollständig bedeckt mit grobem Deckhaar und feinerem Wollhaar, das lang und gewellt ist. Richtiges Verhältnis beider Haararten ergibt die erwünschte Schnürenfell- oder Pusztabehaarung, d.h. lange, schmale Filzplatten. Dadurch gleicht er einer kleineren Ausgabe des Komondors. Sein Haarkleid kann schwarz, schwarz mit Rostrot, grau oder weiß sein.

Bundas de la Bacska und Deresreti Kope gehören Frau Chagnard (oben).
Szegvarréti-Ali-Palis, 11jährig, ist wie sein Meister Imre Horvath ein großer Musikliebhaber. Sein Geschmack ist sehr verfeinert: wenn er die Ouvertüre zu "Carmina Burana" hört, ist er so hingerissen, daß er ein Bellen von sich gibt, das fast wie Gesang tönt (rechts).

Komondor

Er ist 80 cm hoch und ist somit der größte der ungarischen Hirtenhunde. Er ist auch der älteste von ihnen; seine Ahnen waren mittelgroße asiatische Urhunde, die mit den Mongolen kamen, als diese im Jahre 1241 Ungarn eroberten.
Sein Kopf ist wie ein Haarbüschel, der aus dem quadratischen Körper herausragt, und steht in einem guten Größenverhältnis zu ihm; sein tief angesetzter Schwanz ist herabhängend.
Seine Silhouette ist leicht erkennbar am dichten, weißen, verfilzten und zottigen Fell.
Er ist mißtrauisch und herrschsüchtig und braucht eine sehr

sanfte Erziehung, wie Szentmiklósi-Kéktavi Erzö sie von Dominique Montois erhalten hat, um sich seinem Meister gegenüber so anhänglich und liebevoll zu benehmen.
Er hat eine kräftige Natur und ist ein ländlicher Hund, der nicht in einer Wohnung gehalten werden kann. Er ist sehr widerstandsfähig, da er in seiner Heimat seit jeher im Freien gehalten wird und jeder Witterung trotzt.

Russischer Hirtenhund

Südrussischer Oftscharka
Die Kynologen sind sich noch nicht einig über seinen Ursprung. Man weiß nur, daß seine Ahnen in der Krim und der Ukraine beheimatet waren. Er ist 65 cm hoch, hat einen länglichen Kopf mit kleinen, dreieckigen Hängeohren. Sein gerader Rücken ist kräftig, seine Haare sind lang, dicht, grob und normalerweise weiß, können aber auch gelbe Flecken aufweisen oder aschgrau, grau mit weißen Flecken und Platten, oder bläulich (weiß mit grauer Unterwolle) sein. Er ist anspruchslos und passt sich allen klimatischen Verhältnissen an.
Guella, genannt Pluschka, die sich liebevoll an Claudine Ducret lehnt, ist eine der drei einzigen in Frankreich lebenden Vertreter dieser Rasse. Ihre Besitzerin ist sehr stolz

auf sie und genießt die Bewunderung, die der Hündin an allen Hundeausstellungen zuteil wird.

Hollandse Herdershond

Er mißt höchstens 63 cm und
gleicht den belgischen Schäferhunden. Dies ist nicht erstaunlich, da er
das Kreuzungsprodukt von lokalen
Hütehunden und belgischen Mali-
nois ist.

Sein mittellanger und keilförmiger
Kopf hat hoch angesetzte, kleine
Stehohren. Er hat einen kräftigen
Rumpf und einen kurzen, geraden
und starken Rücken.

Die ersten Vertreter dieser Rasse
sind Mitte der 80er Jahre nach
Frankreich gekommen. Eros du
Domaine des Crocs sanglants, der
Sophia Anastassiades gehört, hat
bereits ausgezeichnete Erfolge als
Schutzhund errungen. Er gehört
zum kurzhaarigen Schlag, der am
bekanntesten ist. Der Herdershond
hat nicht allzu kurzes, hartes Deckhaar und weiche Unterwolle in
gelb, braun, rot oder hechtgrau,
auch goldfarbig oder silbergrau
gestromt. Es gibt zwei andere
Schläge: Rauhhaar mit harschem,
kaum gewelltem, straffem Deckhaar, und Langhaar, mit langem
und rauhem, dichtem Deckhaar
und dichter Unterwolle.

Bergamasker Hirtenhund

Er ist das Kreuzungsprodukt von asiatischen Doggen und lokalen Hunden aus der norditalienischen Provinz Bergamo.

Wie man es bei Usmina dell'Albera, der Hündin von Maria Andreoli, sieht, ist dieser mittelgroße Hirtenhund mit dichten, wolligen, sehr langen, widerstandsfähigen und rauhen Haaren bedeckt, die im vorderen Körperteil Ziegenhaaren gleichen, weiter hinten jedoch seitlich fallende Filzplatten bilden, wodurch der Bergamasker dem Komondor und dem ungarischen Puli gleicht.

Sein Fell ist normalerweise grau in allen Tönen, einfarbig oder mit weißen, isabellfarbenen, fahlrötlichen oder schwarzen Schattierungen, seltener schwarz mit sehr begrenzten weißen Flecken.

Er ist robust, von ländlichem Aussehen, aber gut proportioniert.

Berger des Pyrénées

Diese französische Rasse stammt zweifellos vom Tibetterrier ab, dessen Ahnen die Germanen begleiteten, als jene unter der Führung von Ariovist Gallien besetzten. Diese Rasse hatte sich in den hohen Tälern der Pyrenäen, im Gebiet zwischen Lourdes und Gavarnie, etabliert und war bis zum Ende des 19. Jahrhunderts nie von dort weggekommen; dadurch konnte sich die Rasse besonders rein halten.

Es gibt sie in mehreren Schlägen. Der langhaarige Schlag hat stets sehr dichtes, langes oder halblanges, an den Wangen und beidseitig der Schnauze "verkehrt" angesetztes Haar. Torquade de l'Estaube, der Claudine Brault gehört, ist ein hervorragender Rassevertreter (rechts).

Für den Schlag mit kurzhaarigem Gesicht s. Seite 37.

Das Skelett des Rumpfes ist ziemlich trocken, der Rücken kurz und die Kruppe schräg abfallend. Das Fell kann fahlrot bis dunkelrot, hell- oder dunkelgrau, häufig mit Weiß am Kopf, an Brust und Pfoten, auch bunt gescheckt in verschiedenen Tönungen sein. Sein immer wacher Ausdruck und seine äußerst lebhaften Bewegungen sind charakteristisch. Er ist von ziemlich kämpferischer Natur und benötigt eine feste Hand, aber sein Meister braucht viel Einfühlungsvermögen. Es ist ein ländlicher Hund, der außerordentlich viel Bewegung braucht.

Shetland Sheepdog, Sheltie

Auf den Inseln von Shetland, einem Archipel nördlich von Schottland, leben zahlreiche Schafherden. Um sie zu hüten, haben die Schäfer kleine, schottische Schäferhunde sowie nordländische Hunde aus Island importiert. Aus ihrer Kreuzung entstand der Sheltie.

Dieser 37 cm hohe, kleine Schäferhund ist eine Art Miniaturausgabe des Collies. Er ist harmonisch gebaut, hat einen langen Kopf mit kleinen, halb aufgerichtet getragenen Kippohren, einen muskulösen Hals, einen langen Körper und einen geraden Rücken. Er ist ein robuster Gebrauchshund, der jedes Unwetter verträgt, und er hat ein schönes, langes, gerades und harsches Fell. Er kann einfarbig (engl. sable, braun-grau), blue-merle (blaumarmoriert), zweifarbig

schwarz mit weißen oder lohfarbenen Abzeichen, sable mit weißen Abzeichen, oder dreifarbig (tricolor), schwarz mit weißen und lohfarbenen Abzeichen sein. Eustache, ein Vertreter der in Frankreich sehr seltenen, schwarz-weißen Varietät, hier in Begleitung von Blissful's Herlin und Guerlain Blue de Romanière, bewachen hier ihre Besitzerin Catherine Lecomte.

Berger des Pyrénées

Fuchshundähnliche Art
Florac du Val Soannan und First du Val Soannan, links und rechts von David Reilhac, zeigen hier sehr schön die Charakteristika der fuchshundähnlichen Art: ein glatthaariges Gesicht mit etwas längerer Schnauze, Stehohren und einen Behang wie der des schottischen Schäferhundes.

Australischer Hütehund

Australian Kelpie

Diese Rasse wurde in der zweiten Hälfte des 19. Jahrhunderts von australischen Züchtern geschaffen, die einen Hund wollten, der selbständig mit den Herden auf den riesigen Weidegründen arbeiten konnte. Der Kelpie entstand durch Kreuzung kurzhaariger Collies mit von Aborigines gezähmten Dingos. Es ist ein kräftiger und kompakter, sehr kraftvoller und äußerst ausdauernder Gebrauchshund. Sein Kopf trägt leicht zugespitzte Stehohren, sein Körper ist länger als hoch - er mißt maximal 51 cm - und er hat einen kräftigen und waagrechten Rücken. Sein glattes, hartes, gerades und gut anliegendes Haar verleiht ihm einen ausgezeichneten Schutz vor Unwetter.

Sein Fell ist entweder blau, wie das von Gribouille de la Bakia, eventuell mit schwarzen, blauen oder lohfarbenen Abzeichen am Kopf, oder mit roter Forellentüpfelung und eventuell dunkelroten Abzeichen am Kopf. Gribouille bleibt ständig an der Seite von Laurence Courtin, die sein zärtliches und verspieltes Wesen überaus schätzt.

Bearded Collie

Sein Name - bärtiger Collie - beschreibt ihn. Er stammt von den römischen Schäferhunden ab, die mit Cäsars Legionen nach England kamen.

Wegen seines Fells wird er oft mit dem Bobtail verwechselt, obwohl jener kräftiger ist und einen Stummelschwanz - wenn überhaupt - hat, während der Schwanz des Bearded Collies bis zu den Sprunggelenken reicht.

Er ist mittelgroß - maximal 56 cm hoch -, ziemlich lang, und trotz seines soliden Körperbaus nicht schwerfällig. Sein Kopf ist mit langem Haar bedeckt; gegen die Brust zu wird das Haar noch länger und formt den charakteristischen Bart, der ihm seinen Namen gegeben hat. Sein flaches, hartes, kräftiges und zerzaustes Haar braucht keinerlei Spezialpflege. Sein Fell kann schwarz, grau, kastanienbraun, blau oder beige mit oder ohne Weiß sein.

Der Bearded Collie hat das Temperament eines Gebrauchshundes: wachsam, neugierig, aufgeweckt und aktiv und er haßt die Einsamkeit. Er ist sehr sportlich, fröhlich und spritzig. Als Clovis du Kastell a Labous Mor am Vortag eines Wettkampfes trainierte, sprang er so hoch, daß er gegen Françoise Pouliquens Gesicht stieß und ihr ein schönes "Veilchen" bescherte.

Saarlos Wolfhond

Um das Jahr 1920 beschloß ein niederländischer Hundefreund, aus der Kreuzung einer Wölfin und eines Deutschen Schäferhundes eine neue Schäferhunderasse zu schaffen. Ihm waren die Schwierigkeiten bewußt, denen er begegnen würde, und er ließ sich von Genetikern beraten. Seine Arbeit wurde durch den 2. Weltkrieg unterbrochen, und er konnte sie erst in den 50er Jahren wieder aufnehmen. Er starb jedoch, bevor er sein Ziel erreichen konnte. Glücklicherweise führte die nationale kynologische Gesellschaft der Niederlande diese Arbeit weiter und anerkannte die Rasse 1975, als sie sich gefestigt hatte.

Dieser große Hund, der bis zu 75 cm hoch wer-

den kann, ist länger als hoch, kraftvoll und gleicht einem Wolf. Sein Haar ist hart und steckengerade, schwarz bis tiefschwarz, hellbraun bis dunkelbraun und hellcrème bis weiß.

Frau Souqière, die die Raße in Frankreich eingeführt hat, meint, daß wenn man einen Saarlos Wolfshond wünscht, der seinem Meister so treu ergeben ist wie Naima Belladonna de Louba-Tar, man unbedingt sanft und äußerst geduldig mit ihm umgehen muß, da diese Rasse eine starke Tendenz zur Unabhängigkeit aufweist.

Maremmen-Abruzzen-Schäferhund, Maremmaner

Seine Ur-Ahnen sind die asiatischen Doggen, die Mitte des 13. Jahrhunderts mit den Mongolen nach Europa kamen. Diese Doggen wurden mit Hunden aus der Region der Abruzzen (im Zentrum Italiens) und Maremmas (an der Küste des Tyrrhenischen Meers) gekreuzt.

Er kann 73 cm hoch werden, hat einen kräftigen Körperbau, sieht zwar ländlich aus, aber auch vornehm und fein, und strotzt vor Kraft. Sein Kopf erinnert an einen Eisbären, sein Körper ist mit langem, harschem, sehr dichtem und manchmal gewelltem Haar bedeckt. Er ist meist einfarbig weiß, manchmal mit sehr wenigen elfenbein-, hellorangefarbenen oder zitronengelben Flecken. Dieser athletische

Hund darf keinesfalls in engen Platzverhältnissen gehalten werden.

Dandolo de la Vallée Macchia läßt überhaupt nicht mit sich spaßen, wenn er Grundstück und Besitz von Mario Massuci bewacht. Mit den Kindern seines Meisters ist er sehr tolerant und geduldig, und auch mit dem Yorkshire Terrier, der ihre Spiele teilt; letzterer darf ihm sogar einen Knochen wegnehmen.

Welsh Corgi

Für die Briten soll dieser gallische Hund ein Abkömmling der primitiven Hunde sein, die mit den Kelten mehrere Jahrhunderte v.Chr. nach England kamen. Es scheint jedoch, daß er eigentlich aus der Kreuzung von lokalen gallischen Hunden mit dem Spitz der Wisigothen (Västgötaspets), der im 8. und 9. Jahrhundert die Wikinger bei ihren Überfällen auf die englischen Küsten begleitete, entstanden ist. Er ist niedrig (30 cm), kräftig, hat viel Durchhaltevermögen, ist ein harter Arbeiter, der immer in Bewegung ist. Sein Kopf ist fuchsartig und die Ohren sind eher groß. Der Körper ist lang und kräftig. Die Rasse ist in zwei Schläge unterteilt.

Welsh Corgi Pembroke

Er hat nur einen winzigen Stummelschwanz und sein Fell besteht aus mittellangem, geradem, nie weichem, gewelltem oder sehr hartem Haar. Er wurde durch König Georg V. am englischen Hof eingeführt und ist der Lieblingshund seiner Tochter, Königin Elisabeth II.
Pemland Music Masters, Venwoods Gambling Man und Blackbird de la Caverne des Anges sind große Fußballfans. Wenn Jocelyne Thomas mit ihnen spazierengeht und mit ihnen an einem Fußballfeld vorbeikommt, wo gespielt wird, stürzen sie sich in das Gewimmel, um mitzuspielen.

Welsh Corgi Cardigan

Sein kurzes oder halblanges, hartes Haar darf jede Farbe aufweisen, mit oder ohne weiße Flecken, aber das Weiß darf nicht dominieren. Der Schwanz ist mittellang.
Droupy of Saint-Hilaire's Park, Dark Pearl of Saint-Hilaire's Park und Gareth of Saint-Hilaire's Park, die Frau Maurice Boulon gehören, brachten der jungen Katze aus Naschsucht bei, sich in den Nachbarsgarten zu begeben und ihnen die vom Baum gefallenen Nüsse unter dem Zaun durchzurollen.

Bobtail

Die Engländer haben ihn "Old English Sheepdog" (alter englischer Schäferhund) genannt, um das Alter dieser Rasse hervorzuheben. Der Bobtail ist ein Abkömmling der römischen Herdenhunde, die Ende des 17. Jahrhunderts Hunden aus dem Kontinent eingekreuzt wurden. Viele Kynologen sind anderer Meinung, aber alle Liebhaber dieser Rasse sind sich einig, daß die Ahnen des Bobtails langhaarige Schäferhunde waren. Da ihnen die offizielle Bezeichnung zu lang war, gaben ihm die Engländer einen Übernamen im Zusammenhang mit seinem Aussehen - Bobtail bedeutet gekürzter Schwanz -, der mit der Zeit zur üblichen Bezeichnung wurde.
Er ist im Durchschnitt 56 cm hoch, hat eine kräftige, gedrungene aber wohlproportionierte Gestalt. Er hat überaus dichtes, hartes, nicht gerades, sondern zerzaustes, aber nicht gelocktes Haar. Die Fellfarbe ist grau oder blau, mit oder ohne weiße Abzeichen.
Tottel Free Mason at Ebonyivory und seine Tochter Ebony and Ivory's Georgia Brown, die sich ruhig neben Herrn und Frau Claude Ritter fotografieren lassen, sind beide stämmig und muskulös und legen in Bewegung den charakteristischen Paßgang der Bobtails ein: beim Traben heben und senken sie gleichzeitig beide Gliedmaßen derselben Seite - die daraus entstehende Schaukelbewegung erinnert etwas an den Gang eines Bären.

Podhalenhund, Tatrahund

Owczarek Podhalanski
Dieser 70 cm hohe, polnische Hund ist das Kreuzungsprodukt asiatischer Doggen mit Berghunden der Karpaten, die aus der Tatra stammten, d.h. dem polnisch-tschechischen Grenzgebiet. Die Isolierung, in der diese Region bis zum Ende des 19. Jahrhunderts verblieb, hat viel zur Reinerhaltung der Rasse beigetragen. Sie ist besser unter dem Namen Tatra-Schäferhund bekannt.

Er hat einen kräftigen und relativ spitzen Fang, ziemlich dicke, mittellange, dreieckige Ohren, die auf Augenhöhe angesetzt sind. Der lange, massive und gut bemuskelte Körper erweckt den Eindruck großer Kraft und Vitalität. Das Haar ist auf dem Kopf dicht und kurz, auf dem Körper lang, dicht, hart,

gerade oder leicht gewellt und von einheitlichem, reinem Weiß.
Zwischen Fully du Pic du Roc Blanc und Christian Cerf sprang der Funke sofort über: als Herr Cerf den damals 8 Wochen alten Fully beim Züchter erblickte, kam der Welpe sofort auf ihn zu, und seit 16 Monaten sind die beiden unzertrennlich.

Kuvasz

Seine Größe - er kann 75 cm hoch werden - verleiht diesem ungarischen Hund ein kraftvolles und edles Aussehen. Er hat einen länglichen Kopf und hochangesetzte, enganliegende Hängeohren. Der Körper ist lang, die Kruppe etwas abfallend. Der bis zu den Sprunggelenken hängende Schwanz ist am Ende hochgebogen, nicht aber eingerollt.
Das mittellange, weiße Haar ist rauh, wellig und etwas steif. Der Kuvasz ist sehr ausdauernd und kann mühelos 25 bis 30 km weit traben.
Elisabeth Agnoux holte Portam Öre Döllar in Ungarn ab, als der Hund nur 7 Wochen alt war. Er hat sich bestens an sein Leben in Frankreich gewöhnt und befreundete sich sofort mit der Tochter von Frau

Agnoux, sobald er in seinem neuen Zuhause angekommen war; seit drei Jahren ist er ihr treuer Beschützer.

Kelpie

Dieser edle und lebhafte australische Hund hat eine kräftige Muskulatur und sehr biegsame Gliedmaßen, die ihm eine große Ausdauer verleihen. Patrick Lusso, Biologe in Numea, nahm die Gelegenheit eines Frankreich-Aufenthalts wahr, um Goofy du Domaine de Ouassio anläßlich verschiedener europäischer Hundeausstellungen, und insbesondere an jener der Société centrale canine in Paris, vorzustellen. Goofy hat bei all diesen Anlässen die höchsten Auszeichnungen errungen.
Diese Rasse stammt von der Kreuzung von schottischen Schäferhunden ab, die 1870 in Australien eingeführt wurden, und einer lokalen Hündin, die ihrerseits von den Collies abstammte, die mit den ersten europäischen Einwanderern nach Australien kamen. Diese Hündin hieß Kelpie, und ihr Name wurde zur offiziellen Bezeichnung der anfangs des 20. Jahrhunderts anerkannten Rasse. Der Kelpie ist 46 bis 51 cm hoch; er hat einen fuchsartigen Kopf mit geraden und zugespitzen, mittellangen Ohren. Der Hals ist kräftig, der Rücken kurz und gerade, die Kruppe ziemlich lang und abfallend. Der Schwanz ist gut behaart. Das Fell besteht aus doppeltem Haar, das hart und gerade ist und schwarz, schwarz und lohfarben, rot, rot und lohfarben, schokoladebraun oder blau sein kann.
Dieser hervorragende Schäferhund ist lebhaft und feurig, folgsam und ergeben.

Border Collie

Er ist das im Mittelalter entstandene Kreuzungsprodukt von verschiedenen britischen Schäferhunderassen, die ihrerseits von römischen Viehtreibern abstammten. Die Bezeichnung "Grenzgänger" (Border) kommt daher, daß die in der Nähe der schottisch-englischen Grenze angesiedelten Schafzüchter von seinem Mut, seiner Ausdauer und seinem Einfluß auf die Herden derart begeistert waren, daß sie ihn zu ihrem Lieblings-Schäferhund erkoren.
Dieser ziemlich kleine - ca. 53 cm -, ländlich aussehende Hund hat einen feinen, länglichen Kopf, einen kräftigen und gut bemuskelten Hals, einen eher länglichen Körper und einen breiten und kräftigen Rücken. Sein Haar ist dicht, von mittlerer Stärke, und kann von irgendeiner Farbe sein.
Mit der Wandlung des Collies zum Begleithund hat der Border Collie als Hütehund an Beliebtheit gewonnen. Er wird dieser Aufgabe vollends gerecht, weil er alle Fähigkeiten eines Landhundes behalten hat. In Frankreich kümmert sich die Association française du border collie um die technische Leitung der Rassenzucht, und sorgt dafür, daß er weiterhin als ausschließlicher Gebrauchshund gehalten wird. Antoine Brimboeuf, Schäfer in Rambouillet, ist von Dan begeistert. Er ist beim täglichen Verschieben der Herden der Nationalen Schäferei auf die Mitarbeit dieses dreijährigen Border Collies angewiesen.

Portugiesischer Hirtenhund

Cao da Serra de Aires
Er gehört zu einer sehr alten Rasse, deren Ursprung noch nicht genau geklärt worden ist. Wegen der eindeutigen Ähnlichkeit mit dem französischen Berger des Pyrénées und dem katalonischen Schäferhund wird vermutet, daß er wie sie von alten Tibet-Hunden abstammt.

Wie man es bei Agnès do Picoto dos Barbados sieht, die zusammen mit Francisco Correa-Cordoso abgebildet wurde, ist dieser langhaarige Schäferhund mittelgroß; seine Höhe ist 48 cm. Er hat einen breiten und kräftigen Kopf mit einer eher kurzen Schnauze und hochangesetzten Hängeohren. Seine Brust ist tief und mittelmäßig breit, die Kruppe leicht abfallend. Sein sehr langes, glattes oder wenig gewelltes Haar ist ziegenartig und bildet am Kopf einen starken Bart, einen Schnauz und buschige Augenbrauen. Seine Farbe ist gelb, rot, kastanienbraun, grau, rehbraun und wolfsgrau, auch schwarz. Er hat eine ländliche, aber doch fast elegante Figur. Er ist sehr munter und lebhaft, ergeben und mißtrauisch. Weil er beim Spielen manchmal Grimassen schneidet, wird er in seiner Heimat auch Affenhund genannt.

Australischer Schäferhund
(Australian Shepherd)

Nicht anerkannte Rasse
Dieser Hund ist aus der Kreuzung von ziemlich großen Baskenhunden entstanden, die im 19. Jahrhundert mit den baskischen Schäfern nach Australien auswanderten. Seine Anhänger nennen ihn "Aussie". Die Rasse wird weder vom australischen noch vom amerikanischen Kennel Club anerkannt. Solange sein Ursprungsland ihn nicht homologieren läßt und alle entsprechenden wissenschaftlichen Garantien einreicht, daß die Rasse genetisch fixiert und frei von Erbkrankheiten ist, kann diese Rasse nicht von der Fédération cynologique internationale anerkannt werden. Vorher können diese Hunde nicht in den Stammbüchern eingetragen werden und keine Ahnenta-

feln erhalten.
Er ist ein mittelgroßer Schäferhund, der 58 cm hoch werden kann. Wie die Hunde von Brigitte Joly und Marie-Anne Bernard hat er ein mittellanges, blaues oder schwarzes Haarkleid, mit oder ohne weißen Abzeichen. Er hat hochangesetzte und enganliegende Hängeohren.

Pinscher, Schnauzer
Molosser
Schweizer Sennenhunde

Auch wenn alle Hunde - die kleinen Schoß-hunde inbegriffen - instinktiv versuchen, "ihr" Territorium zu verteidigen, indem sie ihren Besitzer warnen, sobald ein Eindringling kommt, sind nicht alle als Wachhunde zu gebrauchen. Ein Wachhund muß zwar warnen, sobald er etwas Abnormales entdeckt, aber nur im Ernstfall. Zusätzlich zur Wachsamkeit muß ein guter Wächter ruhig Blut wahren können, gut abschätzen können, den Eindringling entmutigen und wenn nötig überwältigen, ohne ihn zu verletzen, oder zumindest ihn in Schach halten, bis der gewarnte Meister ihn übernimmt. Er muß schließlich athletische Eigenschaften, insbesondere Ausdauer, aufweisen, die nötig sind, um ein abgelegenes Haus oder, in vermehrtem Maße, ein Gut zu bewachen. Die Hunde, die diese Eigenschaften und Fähigkeiten aufweisen, gehören zur ersten Kategorie der 2. Gruppe - es sind die Pinscher- und Schnauzerartigen.

Während langer Zeit wurden die Herden durch die Angriffe zahlreicher Raubtiere (Wolf, Bär, Schakal, Puma, Jaguar, Karakal usw.) dezimiert. Um sie zu schützen, setzten die Schäfer kraftvolle Hunde ein, die ständig mit den Herden lebten und nur eine Aufgabe hatten, nämlich jegliches Eindringen von Raubtieren zu vereiteln. Die Schäfer müssen diese berüchtigten Räuber zwar nicht mehr fürchten, aber sie sehen sich mit einer neuen Bedrohung konfrontiert: die der herrenlosen Hunde, die in den meisten Fällen von ihren Meistern ausgesetzt wurden, verwilderten und wie Wölfe in Meuten zusammenleben. Da bereits zahlreiche Herden heimgesucht wurden, haben die Schäfer wieder angefangen, ihren Herden Schutzhunde zu integrieren.

Diese Verwendungsart ist jedoch relativ begrenzt, und die Hütehunde werden meist als Wachhunde eingesetzt, wie die Hunde der ersten Kategorie. Die spezielle Morphologie rechtfertigte jedoch die Schaffung einer zweiten Kategorie innerhalb der 2. Gruppe, nämlich die der Molosser. Gemeinsam haben alle einen kraftvollen Fang, Hängeohren, einen massiven Kopf und einen ebensolchen Körper, eine dicke und manchmal locker sitzende Haut und eine meist beachtliche Größe.

Dies ist an sich nicht erstaunlich, da alle im Grunde genommen einen gemeinsamen Ahnen haben, nämlich eine asiatische Ur-Dogge. Nach den ersten Überschwemmungen des Quaternärs bewog der Rückzug der Wassermassen die Tibeter Stämme, ihre Hochebenen zu verlassen und sich mitsamt ihren Ur-Doggen langsam dem Nahen Osten zu nähern. Diese Tibet-Doggen waren somit die Ahnen der großen und im Altertum berühmten assyrischen Molosser. Später gelangten andere Auswanderer aus Assyrien mitsamt ihren Molossern in den Mittelmeerraum, siedelten sich in Griechenland und in Italien an und erreichten von dort aus mit der Zeit den Balkan, die germanischen Länder, Gallien, die iberische Halbinsel, die skandinavischen Länder und die britischen Inseln. Ähnliche Verschiebungen gab es in umgekehrter Richtung: aus Tibet kommende Nomaden siedelten sich in Südost-Asien an, wanderten später nach China weiter, überquerten die Meerenge von Behring und gelangten immer weiter in das Innere des amerikanischen Kontinents. So kam es, daß durch Einkreuzung mit lokalen Hunden die asiatischen Urhunde die Ahnen aller in der Kategorie der Molosser eingereihten Rassen wurden.

Schließlich gibt es die Schweizer Sennenhunde, die neben ihren Eigenschaften als Berghunde auch die Fähigkeiten aufweisen, die Herden zu beschützen, zu führen und zu bewachen - Aufgaben, die normalerweise den Schäferhunden zugeteilt werden.

Pinscher

Dieser deutsche Hund stammt vom berühmten Torfhund ab, der im Neolithikum der Begleiter der Jäger und Fischer an den Gestaden des Nordmeers war. Im Verlaufe der Jahrhunderte trennten sich die Nachkommen dieses Hundes in zwei Stämme, die sich nur durch ihre Behaarung unterschieden. Die Pinscher sind die Nachkommen des glatthaarigen Stammes.

Er ist mittelgroß, hat einen kräftigen und langen Kopf mit senkrechten Ohren, einen quadratischen Körper und eine kupierte, hochangesetzte Rute (Schwanz). Sein kurzes, dichtes und glänzendes Fell kann einfarbig (von braun bis hirschrot)

oder bicolor (schwarz mit roten oder braunen Abzeichen) sein. Etex de la Capellière, im Besitze von Herrn Gaudfroy, zeigt die Eleganz dieses lebhaften und temperamentvollen Hundes, der kein Kläffer ist.

Es gibt auch einen Zwergpinscher, der sich durch seine geringe Größe - 25 bis 30 cm, statt 43 bis 48 cm für den Mittelpinscher - und durch einen zusätzlichen Farbschlag auszeichnet (braun oder graublau mit braunen Abzeichen).

Dobermann

Diese deutsche Züchtung trat in der zweiten Hälfte des 19. Jahrhunderts in Apolda, einer Thüringer Stadt in der Nähe von Erfurt, auf. Sie verdankt ihre Existenz K.L.F. Dobermann, der sie aus geheim gehaltenen Kreuzungen züchtete. Sein Aussehen verrät, daß er wahrscheinlich Pinscherblut führt, aber man weiß nichts über die anderen beteiligten Rassen: Jagdhunde, Doggen, Beauceron, Grey-hound? Es spielt keine Rolle, denn es zählt einzig und allein das Resultat.

Der Dobermann ist ziemlich groß, kräftig und gut bemuskelt, mit einer sehr harmonischen Gestalt, deren Eleganz durch eine stolze Haltung und einen resoluten Ausdruck noch verstärkt wird. Es ist deshalb verständlich, daß die junge Mylène Lecoq dem instinktiven Beschützer Ertog Erphun von Rauberstolz eine große Bewunderung zollt.

Der Kopf des Dobermanns ist keilförmig, länglich und hager, und die Ohren sind hoch angesetzt und werden, da meist kupiert, aufrecht getragen. Der Rücken ist kurz und fest, die Läufe sind gerade, das Haar kurz, hart und dicht, fest und glatt anliegend, die Farbe schwarz, dunkelbraun oder blau mit rostrotem Brand.

Er braucht einen strengen und gerechten Meister, der ihm täglich genügend Bewegung verschafft, um seinen ungeheuren Tatendrang auszuleben.

Affenpinscher

Trotz seiner geringen Größe ist dieser lebensbejahende und muntere Hund ein ausgezeichneter Wächter, der sich sehr gut an ein Leben als Wohnungshund gewöhnen kann. Er ist mit dem Pinscher verwandt, da auch er vom Torfhund abstammt. Er verdankt seinen Namen seiner ganz besonderen Erscheinung, seinem rauhen und dichten Haar, seiner Lebhaftigkeit und vor allem seinem affengleichen Gesicht.

Unter dem Blick von Diva de la Rochardière sitzt Duck de la Rochardière selbstsicher vor dem weißen Hintergrund, den Frau Dominique Laporte gespannt hat, um das reine Schwarz seines Fells hervorzuheben.

Schnauzer

Wie der Pinscher stammt auch er vom Torfhund ab, aber er gehört zum rauhhaarigen Stamm. Dies erklärt die große Ähnlichkeit - abgesehen vom unterschiedlichen Haarkleid - der beiden deutschen Rassen. Der Schnauzer hat einen charakteristischen Kopf, der wegen des Barts und der buschigen Augenbrauen quadratisch aussieht sowie rauhes und dichtes Haar. Wegen seines großen Temperaments muß man ihm täglich viel Bewegung gewähren. Es gibt ihn in drei Schlägen, die sich durch ihre Größe voneinander unterscheiden. Zwei Farben - schwarz und pfeffersalz - kommen bei allen drei Schlägen vor; beim Zwergschnauzer sieht man außerdem schwarz-silber, das sehr geschätzt wird, während das seltene Weiß

eher als Minderungsfaktor betrachtet wird.

Mittelschnauzer oder Standard-Schnauzer

Dank seiner Größe - zwischen 45 und 50 cm - eignet er sich auch als Wohnungshund.
Oben links sehen wir Hweeko Rivale-Tiffany, die Frau Dominique Schall-Marx gehört; rechts Mihan Finland Princess, von Frau Jeannette Seltz, die erste finnische Schnauzerhündin, die nach Frankreich importiert wurde.

Zwergschnauzer

Er ist 30-35 cm hoch, immer wachsam und ein ausgezeichneter Wächter.
Herr und Frau Peeters' Dylan de la Croix de Vilpert ist musikalisch: wenn ihre Enkelin Flöte spielt, "singt" er und bellt im Takt (rechts). Coralia Silvert de Furioso scheute sich nicht, ihre Meister Herrn und Frau Declercq zu verteidigen und eine große Deutsche Dogge in die Flucht zu schlagen, die sie angegriffen hatte.
(Nächste Doppelseite)
Nimrod Bar-Luz gehört Jeannine Roux-Capelli (rechte Seite).

Riesenschnauzer

Er mißt 60-70 cm, ist robust, kraftvoll, ausdauernd und schnell - ein
Gebrauchshund, der sich besonders gut für das Bewachen größe-
rer Grundstücke eignet. Clyde du
Bujol, der hier über Julien Klimczak
wacht, hat eine außergewöhnlich
feine Nase, die ihm erlaubt, Rehe
aufzuspüren und ihre Spur zu verfolgen (oben).

Die Kraft von Brahms de Monlaur ist
gepaart mit einer großen Fürsorge
für kleinere Tierarten: während Laurent Rabaté frühstückte, stürzte
Brahms kläffend herbei und führte
ihn anschließend 200 m weit in ein
Weizenfeld, um einer jungen, verletzten Katze zu helfen (rechts).

Bulldogge

Die ursprüngliche Bulldogge, die vom Mastiff abstammt, war einer der Stars der ehemaligen Tierkämpfe. Als diese verboten wurden, schwand das Interesse an der Rasse; sie wurde von englischen Züchtern gerettet, die sich bemühten, einen leichteren aber gleich massiven Hund zu schaffen. Der Typ der modernen Bulldogge wurde Ende des 19. Jahrhunderts fixiert. Er hat ein sehr kurzes Gesicht und eine breite, stumpfe Schnauze. Seine Gliedmaßen sind athletisch gebaut und sein Körper ist maßig. Sein Haar ist kurz, dicht und glatt; gestattet sind weiße, rötliche, rot- oder fahlgelbe Farben, auch gestromt, entweder einheitlich oder mit Brand, d.h. mit schwarzer Maske oder Schnauze. Unter seinem grimmigen Aussehen

verbirgt sich ein fröhliches Wesen. Crazy Horse de Wounded Knee und Boo's Apple Cider spielen besonders gerne mit dem Deckel des Kehrichtkübels, den sie voller Begeisterung im Garten von Céline Bottussi umhertragen.

Bullmastiff

Sind es Wilderer, denen Jean-Pierre Guillemet und Edouard de Molossie die Zunge herausstrecken? Wahrscheinlich, denn sie wissen, daß Wilderer für die Entstehung des Bullmastiffs verantwortlich zeichneten. In der zweiten Hälfte des 19. Jahrhunderts waren englische Großgutsbesitzer ernstlich besorgt wegen der drohenden Ausrottung des Wildbestandes durch das intensive Wildern. Sie baten Hundezüchter, eine Rasse zu entwickeln, die imstande sein sollte, die Wilderer aufzustöbern und bis zur Ankunft der Wildhüter zu stellen. Dieses Resultat wurde durch die Kreuzung des Mastiffs mit der englischen Bulldogge erreicht, die beide der neuen Rasse ihren Namen gegeben haben.

Der Schädel ist kräftig und quadratisch, der Kopf hoch und breit, die Schnauze kurz. Die V-förmigen Ohren sind hoch angesetzt und gut getrennt. Die Brust ist breit und tief, der Rücken kurz und gerade. Seine Hinterläufe sind kräftig und gut bemuskelt. Das kurze, harte Haar bietet einen guten Schutz gegen Unwetter; die Farbe kann jede Schattierung von Gelb- oder Rotgestromt sein. Er ist 63-68 cm hoch und 50 bis 59 kg schwer, stämmig, bewegungsfreudig, ausdauernd, treu, kraftvoll und wachsam.

Boxer

Seine Ur-Ahnen waren Molosser, die als Kriegshunde eingesetzt wurden. Diese deutsche Rasse ist jedoch erst 1890 entstanden, als Kreuzungsprodukt einer heute verschwundenen deutschen Rasse, des Bullenbeißers, und der englischen Bulldogge.

Der Boxer mißt durchschnittlich 60 cm und wiegt 30 kg. Der "große Sportler" hat eine schwarze, kurze Schnauze, senkrechte, spitz kupierte Ohren und einen muskulösen Körper. Sein kurzes, glänzendes Haar ist entweder einheitlich fahlgelb oder gestromt, d.h. mit dunkleren Streifen. Der Boxer hat den geschmeidigen Gang eines durchtrainierten Athleten; er braucht viel Auslauf und Bewegung. Er ist begeisterungsfähig, ungestüm und schnell und muß während Stadtspaziergängen an der Leine geführt werden.

Nächste Doppelseite: "Quo non ascendet?" (Wohin wird er nicht steigen?), scheint Patrick Marizy beim Betrachten von Clovis des Plaines du Nord zu denken. Dieser stolze Wahlspruch von Fouquet trifft ins Schwarze.

Deutsche Dogge

Als die Alanen gegen Ende des 2. Jahrhunderts Europa eroberten, waren sie von imposanten Molossern begleitet, die sie als Kampfhunde benützten - eine Funktion, die die Nachkommen dieser Hunde bis ins Mittelalter ausübten. Später wurden diese kraftvollen Molosser mit irischen Windhunden gekreuzt: die Deutsche Dogge war geboren.

Yves-Marie Merats Droopy de la Templerie zeigt, daß die robusten Deutschen Doggen trotz ihrer Größe - sie sind mindestens 80 cm hoch - sehr gut proportioniert sind (nächste Doppelseite).

Ephèbe des Terres de la Rairie, im Besitze von Frau Vaslin-Soron, hat den für die Deutsche Dogge so charakteristischen, länglichen und ausdrucksvollen Kopf: große Lefzen, senkrecht begrenzter Fang, spitz kupierte Ohren (rechts).

Eine feste, aber sanfte Erziehung bringt das angenehme Wesen der Deutschen Dogge zur Entfaltung. So spielt Colt des Fauvelles mit den von Herrn und Frau Berson gezüchteten Kaninchen; er trägt sorgfältig die kleinen Jungen in seinem Fang umher, und manchmal scheut er sich nicht, in einen Kaninchenkäfig zu kriechen, um die Mutter und ihren Wurf zu wärmen, wenn er das Gefühl hat, sie hätten kalt (oben).

Mastino Napoletano

Italienische Wachhunderasse, reinrassig gebliebener Nachkomme
der von den Phöniziern in Italien
eingeführten assyrischen Doggen.
Die Römer setzten ihn als Kampf-
hund ein und hatten aus ihm auch
den Star ihrer Zirkusspiele gemacht.
Er hat einen massiven und kurzen
Hals, der unten in einer breiten
Wamme endet, sehr starke Kiefer
und kurze, dreieckige Ohren. Die
Vorderläufe sind gerade sowie der
Rücken, die Lenden sind seitlich abgerundet.
Das Haar ist sehr
kurz, kräftig und
seidig, die Farbe
grau, schwarz, gelb
und alle Farben in sich
gestichelt oder ge-
stromt.

Wohin Patrick Salomon auch geht,
und ungeachtet der Tageszeit,
weiß er, daß er in Begleitung von
Arno de la Fouinerie sicher ist. Dessen grimmiges Aussehen und impo-
sante Gestalt wirken äußerst
abschreckend.

Shar-Pei

Er stammt von primitiven chinesischen Molossern ab, die heute verschwunden sind. Die Wiege dieser
Rasse sind die Provinzen Kuang-si
und Kuang-tang, am südlichen
Meer von China. Als Mao Tse-Tung
den Befehl erteilte, alle Hunde aus-
zumerzen, da sie den Menschen
die Nahrung wegnahmen, wäre
auch der Shar-Pei beinahe ausge-
rottet worden. Glücklicherweise
nahmen Flüchtlinge 1949 einige
Hunde mit nach Formosa, und
anläßlich einer Studienreise in Tai-
Lai entdeckten amerikanische Züchter den Shar-Pei, beschlossen, ihn
zu retten und kauften zu diesem
Zwecke einige Zuchtexemplare,
die sie mit nach Kalifornien nahmen.
Gabin des Roses de Porcelaine,
von Cécile Aleman, zeigt sehr

schön einige der Rassenmerkmale:
Stirne und Wangen sind von zahlreichen, feinen Runzeln überzo-
gen, die schwere Wülste bilden,
die kleinen, dicken, dreieckigen
Ohren, die zahlreichen Fellwülste
auf dem ganzen Körper, der am
Ansatz dicke und runde Schwanz,
der in einer Spitze endet. Leider
zeigt er seine bläulich-schwarze
Zunge nicht.
Der Shar-Pei ist 40 bis 51 cm hoch,
hat sehr kurzes, gesträubtes und
sich hart anfühlendes Haar. Die
Farben sind schwarz, lohfarben,
dunkelbraun, beige oder
crème. Obwohl er traurig
aussieht, ist er sehr fröhlich und ausgelassen.
Früher war er der Star der
in China durchgeführten
Hundekämpfe.
Standard nebenan: Dollar,
von Simone Bernier.

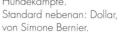

Bordeaux-Dogge

Eros de l'Etang de Mirloup, von
Michel Guignard, zeigt die Charakteristiken des Kopfes einer Bordeaux-Dogge - kurz, mächtig und
trapezförmig, voller Runzeln - sowie
dessen Stiernacken.

Die Bordeaux-Dogge ist ein Nachkomme der von den Alanen in
Südost-Gallien zurückgelassenen
Molosser als die Hunnen sie nach
Spanien verdrängten. Diese Molosser wurden mit lokalen Hunderassen gekreuzt, und es entstand
die Dogue d'Aquitaine, die im
19. Jahrhundert unter ihrem heutigen Namen zur nationalen, französischen Dogge wurde. Die Verlu-
ste, die während der beiden Weltkriege entstanden, führten nahezu
zur Ausrottung der Rasse. Nur dank
großem Einsatz der Züchter unter
der Leitung von Professor Triquet
und rigoroser, aber effizienter
Zuchtauslese konnte sie gerettet
werden.

Die Bordeaux-Dogge ist ein mächtiger und muskulöser Koloß. Ihr
Haar ist fein, kurz und seidig, einfarbig mahagonirot oder in irgendeiner Gelbschattierung.

Mastiff

Wie alle Mastiffs liebt Dogessa du
Domaine du Cataou, im Besitze von
Michelle Premat, ihre Meister mit
einer Intensität, die nur mit ihrem
großen Gewicht vergleichbar ist.
Der Mastiff stammt von den schweren Hunden ab, die die Kelten und
Normannen mehrere Jahrhunderte
v.Chr. mit nach Britannien brachten.
Die englische Nationaldogge ist
groß, kraftvoll, beeindruckend, aber
wohlproportioniert und stämmig gebaut. Sein Kopf ist breit und massig,
sein Fang kurz, breit und tief, stumpf
endend, sein Unterkiefer sehr breit,
seine Brust hoch und weit, sein Rük-
ken kräftig und sehr gut bemuskelt.
Sein seidiges, glattes, kurzes und gut
anliegendes Haar ist apricot, silber,
gelb oder dunkelgold-gestromt
(brindle); Maske, Ohren und Nasenspiegel sind immer schwarz.

Dogo Argentino

Elton du Chêne le Gué, der von Roberto di Blasi vorgestellt wird, stammt von den Kriegshunden ab, die Diaz de Solis begleiteten, als er im Rio de la Plata eintraf. Die Nachkommen dieser Molosser waren besonders beliebt bei den Veranstaltern von Hundekämpfen. Um ihre Kampfeslust noch zu steigern, paarte man sie mit den Cordoba-Doggen, einer heute ausgestorbenen Rasse. Die dadurch entstandene Aggressivität machte diese Rasse unkontrollierbar, und anfangs des 20. Jahrhunderts beschloß Antonio Nores Martinez, daraus einen Hund heranzuzüchten, der imstande sein sollte, die Wildschweine, die in den landwirtschaftlichen Kulturen große Schäden verursachten, und die Pumas, die sehr viel Vieh töteten, zu jagen.

Zu diesem Zwecke kreuzte er die mordlustigen, einheimischen Doggen mit Deutschen Doggen, Pointern und irischen Windhunden, bis es ihm gelang, im Jahre 1930 die moderne argentinische Dogge als Rasse zu fixieren.
Dieser Hund erinnert an eine weniger elegante und etwas kleinere Deutsche Dogge. Er hat sehr kurz geschnittene Ohren, einen massiven Hals und sehr muskulöse Läufe. Sein Haar ist eng anliegend, ziemlich rauh und sehr kurz, von einheitlich weißer Farbe.
Sein Wesen ist ausgewogen.

Rottweiler

Seine Herkunft wird auf römische Treibhunde, auf Brabanter Bullenbeißer und auf bodenständige Hütehunde aus der Gegend von Rottweil, in der Nähe von Stuttgart, zurückgeführt. Dort hatten die Römer ein Basislager errichtet, als sie Germanien eroberten. Exy du Trou du Diable, von Gilles Garnier, ist ein typischer Vertreter der Rasse, mit seiner mittleren Größe und seiner kompakten und kräftigen Erscheinung. Sein ländliches Aussehen ist gepaart mit einer großen Harmonie der Linien.

Der mittellange Kopf hat kleine, hoch angesetzte und nach vorne gerichtete Hängeohren. Der Hals ist kräftig, rund und breit, stark bemuskelt, der Brustkorb weit und die Kruppe breit. Die Läufe sind gerade und nicht engstehend. Das Fell besteht aus derbem, mittellangem, gutanliegendem Stockhaar mit guter Unterwolle, tiefschwarz mit scharf abgegrenzten, lohfarbenen Abzeichen an Backen, Schnauze, Brust, Läufen und über jedem Auge. Der Rottweiler hat einen kraftvollen, weit ausreichenden Trab.

Fila Brasileiro

Als sie im Jahre 1500 in Brasilien ankamen, hatten die Begleiter von Alvares Cabral portugiesische Molosser bei sich. Deren Nachkommen wurden im 17. Jahrhundert von den Pflanzern eingesetzt, um geflüchtete Sklaven einzufangen. Aus der Kreuzung mit einheimischen Hunden entstand schließlich der Fila Brasileiro, der sich als ausgezeichneter Beschützer der Herden gegen Jaguare entpuppte. Heutzutage ist er dank seiner großen Naturschärfe ein geschätzter Polizeihund.

Er mißt 65 bis 75 cm und wiegt mindestens 50 kg. Sein robuster Rumpf ist etwas länger als hoch, die Haut ist dick und lose, der breitangesetzte Schwanz verjüngt sich mit leichter Krümmung und reicht bis zum Sprunggelenk. Alle Farben sind erlaubt, aber meist ist das Fell einfarbig gelbbraun schattiert oder gestromt.

Kama erstaunt Marie-Pierre Fournier durch seine Geschicklichkeit: er öffnet die Gartentore und schließt sie hinter sich ab, wenn ihn die Kälte wieder ins Haus treibt; wenn er durstig ist, geht er ins Badezimmer und öffnet allein den Wasserhahn des Bidets.

Aidi,
Marokkanischer Schäferhund

Der genaue Ursprung dieses marokkanischen Hundes ist noch unbekannt, man weiß lediglich, daß er aus dem hohen Atlas stammt, wo die Schäfer ihn als Beschützer ihrer Herden gegen Schakale einsetzten.

Der rustikale Hund ist von bemerkenswerter Kraft und Beweglichkeit. Sein Kopf erinnert an den eines Bären; der Rücken ist leicht abfallend, die Vorderläufe sind gerade, die Oberschenkel muskulös, der Schwanz lang und dicht behaart. Das Haar ist sehr dicht, ca. 6 cm lang, und bietet einen ausgezeichneten Schutz vor der Sonne und vor der Kälte. Es ist fahlgelb, sandfarben, weiß und gelb, weiß und schwarz, oder dreifarbig.

Frau Doktor Id Sidi Yahia stellt mit großem Stolz Jaoui vor, der Ben Youssef gehört. Jaoui besitzt die Kraft und den Dynamismus seiner Rasse sowie eine bemerkenswerte Folgsamkeit.

Oftscharka

*Kaukasischer Schäferhund,
Kavkazkaia Ovtcharka*
Er stammt aus dem Berggebiet zwischen dem Schwarzen Meer und dem Kaspischen Meer. Dieser äußerst kräftige russische Hund mit einer Minimalhöhe von 65 cm hat sich dank der schweren Zugänglichkeit der kaukasischen Bergtäler rein erhalten können. Er ist kraftvoll, wiegt rund 50 kg und hat ein entweder langes, mittellanges oder kurzes, dichtes Fell.

Dieser ruhige Hund hat einen ungeheuren Schutztrieb. Hypteck fand einmal, daß die Elektriker, die mehrmals vor dem Haus von Herrn und Frau Olivier vorbeigingen, dort nichts zu suchen hatten, und er sprang über die 2 m hohe Umzäunung und zwang sie, sich auf Telefonstangen zu retten, bis sein Meister zurückkam und sie erlösen konnte.

Tibet-Dogge

Die meisten Vertreter dieser Rasse leben heute in Nepal. Die Geschichte dieses Hundes ist identisch mit jener der Bergbevölkerungen Tibets. Er war Bewacher der Yak-Herden und auch der Lama-Klöster.

Die heutige Tibet-Dogge ist zwar immer noch groß, aber kleiner als die Ur-Dogge, von der alle Molosser abstammen. Sie hat einen edlen und massiven Kopf mit kleinen Hängeohren. Auf ihrem Nacken, ihrer Schulterpartie und ihrem Hals formen das lange und harte Deckhaar und die dichte Unterwolle eine löwenartige Mähne. Die Fellfarbe ist schwarz, schwarz und loh, grau, grau und loh oder goldfarbig. Die Tibet-Dogge mißt mindestens 66 cm, hat einen geschmeidigen Gang und trägt ihre hochangesetzte Rute seitwärts über den Rücken gerollt.

Djouley de la Tour Chandos ist ein Nachkomme der ersten Tibet-Dogge, die in Frankreich importiert wurde. Jacques Thomas ist immer wieder erstaunt, ihn auf dem Rücken schlafend anzutreffen, mit allen Vieren von sich gestreckt.

Neufundländer

Es wird allgemein angenommen, daß er der Nachkomme der assyrischen Molosser ist, die mit den Vikingern auf die Insel Neufundland kamen. Fischer, die von seinem freundlichen Naturell begeistert waren, brachten ihn Ende des 19. Jahrhunderts nach Frankreich.
Er mißt ca. 71 cm und wiegt rund 65 kg. Er hat einen breiten, massiven Kopf mit kleinen, weit hinten angesetzten und enganliegenden Ohren. Sein Rücken ist gerade, sein Schwanz mittellang. Das Haarkleid ist tiefschwarz oder braun mit bronzefarbenem Anflug, das Deckhaar ist glatt, dicht, weich und talgig (ölig), d.h. wasserabstossend.
Mit seiner Pose auf dem Bild, hinter Van Het Hoogueen, wollte Etienne Engrand daran erinnern, daß der

Neufundländer trotz seiner beeindruckenden´ Kraft nie ein gefährlicher Wächter ist, und vor allem auch, daß er außergewöhnliche angeborene Fähigkeiten als Rettungsschwimmer besitzt.

Leonberger

Über seine Abstammung gibt es zwei Thesen: für die einen stammt er von einem großen österreichischen Berghund des 17. Jahrhunderts ab, dessen kraftvolle und edle Gestalt und schönes Fell ihm den Namen Berglöwen einbrachten (was ungefähr dasselbe bedeutet wie "Leonberger"). Für die anderen waren es Kreuzungen zwischen Neufundländern, Pyrenäen-Berghunden und Bernhardinern, die in der Nähe der Stadt Leonberg, im Südwesten Deutschlands, vorgenommen wurden, die diese Rasse hervorbrachten.

Der Leonberger ist ein großer Hund - 72-80 cm - mit einem muskulösen, aber gut proportionierten Körper, mit einem eher schmalen Kopf und flachen Hängeohren. Die Haare sind mittelweich bis derb, aber nie struppig. Ihre Farbe ist hellgelb bis rotbraun mit schwarzer (dunkler) Maske.

Dieser große Hund speichelt nicht. Er hasst die Einsamkeit. Manchmal empfindet er das Bedürfnis, zu graben: Dagobert du Ruisseau de Corseilles hat diesem Drang nachgegeben, indem er aus dem Garten von Anne-Marie Paris ein ganzes Beet mit rund hundert Tulpenzwiebeln ausgegraben hat.

Portugiesischer Berghund de la Serra da Estrela

Cao da Serra da Estrela
Er stammt von einem großen asiatischen Molosser ab, der vermutlich mit phönizischen Schiffen nach Portugal kam; er hat sich im Zentrum des Landes, in den Bergen der Serra Estrela, etabliert. Er ist 65 bis 72 cm hoch, wiegt 40 bis 50 kg, ist rustikal, schwer aber sehr lebhaft.
Er hat einen länglichen Kopf mit kleinen, dreieckigen Hängeohren. Der Rücken ist kurz und fast waagrecht, der Schwanz ist eine dicke, dicht behaarte Säbelrute. Das rehbraune oder wolfsähnliche, graue Haarkleid mit schwarz pigmentiertem Fang kann einfarbig oder weiß gefleckt sein. Früher wurde er zum Ziehen von Karren eingesetzt. Er ist sehr folgsam, und diese Eigen-

schaft erlaubt Derby d'Ayriana-Vaedja - hier in Begleitung von Herrn Laplante - viele Siege in "Agility" zu erringen, eine Disziplin, die er mit Frau Christiane Laplante ausübt.

Bernhardiner
St. Bernhardshund

Als die römischen Legionen im I. Jahrhundert Helvetien eroberten, hatten sie Molosser bei sich, deren Nachkommen mit der Zeit in den Alpenkantonen zum Viehhüten gebraucht wurden. Im 18. Jahrhundert setzten sie die Mönche im Kloster und Hospiz des Großen St. Bernhard zur Rettung verirrter Wanderer ein, nachdem sie ihren außergewöhnlichen Orientierungssinn und ihren Rettungstrieb festgestellt hatten. Um das Jahr 1860 wurde die Rasse von einer schlimmen Seuche heimgesucht; sie konnte nur dank der fürsorglichen Pflege der Mönche gerettet werden. Zum Dank für die Erhal-

tung der nationalen Rasse nannten die Schweizer 1880 den Hund St. Bernhardshund.
Vermutlich weil ihn Dorf de Fontbuis de la Chenaie, von Frau Brault, an den berühmten Barry erinnert, der um die Jahrhundertwende innert zwölf Jahren 41 Menschenleben rettete, schaut ihn der junge Thom voller Bewunderung an. Eine Zeitlang nannte man alle Bernhardiner "Barry", im Gedenken an den berühmten Rettungshund.
Dieser mächtige Hund ist rot und weiß und hat eine schwarze Maske, eine edle Gestalt und ein feines Wesen. Es gibt ihn in zwei Schlägen: den langhaarigen und den kurzhaarigen. Er ist ca. 70 cm hoch, hat einen sehr massiven Kopf mit leicht weinenden Augen. Er ist fröhlich und verspielt.

Hovawart

Die beschützerische Haltung von Calik von Muniberg gegenüber seiner Meisterin Catherine Daniel weist auf den Instinkt dieses deutschen Hundes hin, dem die mittelalterlichen Bauern die Bewachung ihrer Höfe anvertrauten (nächste Doppelseite).
Er ist eher groß, mißt bis 70 cm und wiegt ca. 40 kg. Sein Haar ist lang, leicht gewellt und entweder blond oder schwarz, oder mit schwarzem Mantel und weißen Flecken. Dieser vorwiegende Gebrauchshund ist ein ausdauernder Läufer und ein ausgezeichneter Springer, der auch hohe Hindernisse überwinden kann. Er hat eine beeindruckende Stimme.

Anatolischer Schäferhund

Seit dem Altertum bewacht er die Schafherden auf den Höhen der Anatolischen Ebene in der Nähe des Taurusgebirges. Er ist 74 bis 81 cm hoch, kraftvoll und muskulös, aber auch schnell. Sein Kopf ist breit und kräftig, sein Hals muskulös und ziemlich dick, er hat gut bemuskelte Läufe und eine etwas gekrümmte Rückenlinie. Sein Haar kann kurz oder halblang sein, aber immer dicht, und in allen Farben. Er verträgt mühelos jede Witterung und alle Temperaturschwankungen, da er jahrein, jahraus im Freien lebt. Er ist temperamentvoll und dynamisch und von außergewöhnlicher Geduld mit den Kindern seines Besitzers. A'Palah zeigt dies mit den Kindern der Familie Cerda.

Landseer

Kontinental-europäischer Typ
Ursprünglich war er einfach ein anderer Farbschlag des Neufundländers. Als der englische Tiermaler Edwin Landseer (1802-1873) ein Mitglied der britischen Lebensrettungsgesellschaft porträtieren mußte, malte er ihn zusammen mit einem schwarz-weißen Neufundländer, weil die Farben seine Person besser zur Geltung brachten. Das Bild mit dem Titel "A distinguished Member of the Humane Society" hatte einen Riesenerfolg und machte die Rasse so populär, daß die englischen Hundefreunde sie als selbständige Rasse anerkannten - was vom genetischen Standpunkt aus gesehen Unsinn ist - und ihm den Namen des Malers gegeben haben. Später verloren die Engländer das Interesse und überließen es den Kynologen des Kontinents, die Rasse weiter zu züchten - daher die Zusatzbezeichnung "kontinental-europäischer Typ". Dieser harmonisch gebaute Hund - man sieht es anhand des Bildes von Ulof Lonstrup du Kouif von Herrn und Frau Breton - ist morphologisch derselbe geblieben wie der Neufundländer, mit dem er auch den Rettungsinstinkt teilt. Er hat sehr langes, sehr glattes und sehr dichtes Deckhaar und etwas weniger dichte Unterwolle als der Neufundländer. Seine Farbe ist weiß mit gut getrennten schwarzen Flecken.

Pyrenäenhund

Mastin de los Pirineos

Dieser kraftvolle und große spanische Hund ist mit dem französischen Berger des Pyrénées verwandt. Das ist an sich nicht erstaunlich, da beide von einer primitiven asiatischen Dogge abstammen.

Er kann 81 cm hoch werden, hat einen großen und nicht zu schweren Kopf, einen breiten, soliden Schädel und mittellange, flache und dreieckige Hängeohren. Sein Rumpf ist kräftig, sein Rücken kraftvoll und seine Kruppe breit und stark. Sein dicker und kräftiger Schwanz ist federbuschartig, sein Fell besteht aus dichtem, mittellangem Schlichthaar. Die Farbe ist normalerweise weiß mit grauen oder gelben Flecken, aber sie kann auch braun, schwarz, grau, beige oder gelb sein.

Dieser kräftige, mutige und ruhige Hund ist seinem Meister außerordentlich ergeben. Xoxona de la Tajadera del Tio Roy, 15 Monate alt, stürzt sich zu Füßen von Jean-François Trimolet, sobald dieser sich irgendwo setzt. Und bei jeder Gelegenheit zeigt sie ihm ihre Zuneigung durch ein kräftiges Belecken.

Pyrenäen-Berghund

Seine Ansiedlung in den Hoch-
tälern der Ariège ist sehr alt. Seine
Größe sollte eine Verwechslung mit
dem Berger des Pyrénées aus-
schließen.
Er ist bis 81 cm hoch und kräftig
gebaut. Sein breiter Fang ist vorne
zugespitzt. Die Brust ist breit und
tief, der Rücken von guter Länge
und die Kruppe abfallend. Das
herrliche Fell besteht aus flachem,
dichtem, geschmeidigem und
ziemlich langem Haar, die Farbe ist
normalerweise einheitlich weiß mit
wenigen fahlgelben Flecken, oder
wolfsgrau.
Delfin d'Elissacilio, von Françoise
Vidal, zeigt die Eleganz dieser
Rasse. Es ist verständlich, daß das
Fernsehen von ihrem harmonischen
Aussehen so eingenommen war,
daß sie sie zum Star ihrer Serie

"Belle et Sébastien" machte - einer
Serie, die unzählige Kinder begei-
sterte.

Großer Schweizer Sennenhund

Auch diese Rasse stammt von den Molossern ab, die im Gefolge der römischen Legionen die Schweiz durchquerten. Dieser robuste, dreifärbige Hund ist der größte der Schweizer Sennenhunde. Er hat mittelgroße Hängeohren, einen kraftvollen, aber nicht massiven Körper, eine tiefe und breite Brust, einen länglichen, geraden Rücken und einen ziemlich schweren Schwanz. Die Grundfarbe des Haarkleids ist schwarz, mit symmetrischen und glänzenden roten und weißen Flecken.

Er ist ein kraftvoller Hund, der einen festen, aber nicht brutalen Meister braucht. Wenn er gut erzogen ist, bemüht er sich, seine ihm zugewiesene Aufgabe nach besten Kräften zu erfüllen. Auch Ebasile du Menhir des Mousseaux lauscht mit größter Aufmerksamkeit den Befehlen von Herrn Forget.

Entlebucher Sennenhund

Dieser kleine Sennenhund - er mißt maximal 50 cm - stammt wahrscheinlich von römischen Hunden ab. Er hat sich im Entlebuch, südwestlich des Vierwaltstättersees, im Kanton Luzern, angesiedelt. Seine kleinen braunen Augen bestechen durch ihre Lebhaftigkeit. Er hat nicht allzu große Hängeohren, sein Rumpf ist ziemlich langgestreckt und er hat einen angeborenen Stummelschwanz.

Das Haar ist kurz, dicht, eng anliegend, hart und glänzend. Die Fellfarbe ist schwarz mit gelben bis rostroten Abzeichen oberhalb der Augen, an den Wangen und an allen vier Läufen; außerdem hat er symmetrische weiße Abzeichen auf dem Kopf, am Hals, an der Brust und auf den Pfoten.

Der Schweizer Sennenhund ist nor-

malerweise sehr mißtrauisch. Benot hingegen liebt Cecil Serfatys Besucher und möchte sie am liebsten immer zurückhalten.

Berner Sennenhund

Sein Ursprung ist umstritten, aber alle Hundekenner sind sich einig, daß seine Ahnen sich bereits im Mittelalter als gute Gebrauchshunde erwiesen haben. Die Bergler des Berner Oberlandes haben ihn auch als Zughund für die mit Milch beladenen Karren eingesetzt, die der Berner Sennenhund täglich auf oft schlechten Pfaden bis zur lokalen Käserei zog.

Fusain, Romain Patys Kamerad, ist ein guter Vertreter dieser großen Gebrauchshunderasse (64 bis 70 cm hoch). Der Berner Sennenhund hat einen kräftigen Kopf, einen bemuskelten Hals, eine tiefreichende, breite Brust, einen geraden Rücken und eine abgerundete Kruppe. Sein Fell ist schwarz mit rotbraunen Flecken auf den Wangen und an den Läufen; die Brust ist weiß wie die Schnauze. Sein feines Haar ist glatt, lang, leicht gewellt, aber nicht gekraust.

Der Berner Sennenhund, der dem französischen Präsidenten François Mitterrand von den Schweizern anläßlich eines offiziellen Besuchs überreicht wurde, machte diese Rasse in Frankreich bekannt.

Terriers

Dr. Fernand Méry war nicht nur ein großer und populärer Tierfreund, sondern auch ein hervorragender Kynologe, Autor zahlreicher Forschungsberichte über den Ursprung der hündischen Spezies und ihrer Evolution. So wies er auf das Vorkommen in Ägypten, im Mittleren Reich (ca. 2100 bis 1850 v.Chr.), eines sehr kleinen Hundes hin, der ziemlich langgestreckt war und einem Dachshund glich. Stammte er von einem ägyptischen Windhund ab? Fernand Méry äußerte sich diesbezüglich nicht, er sagte nur, daß es kein älteres Dokument über diesen Hund gibt. Da im 2. Jahrtausend v.Chr. die Phönizier sich bereits an der syrisch-palästinensischen Küste angesiedelt hatten, d.h. Nachbarn der Ägypter waren, ist es möglich, daß die Nachkommen dieses Hundes sich in Phönizien niederließen und daß später Seeleute einige von ihnen auf ihren Reisen zu den britischen Inseln mitnahmen. Diese Hypothese wird von zahlreichen Kynologen akzeptiert.

Es steht jedenfalls fest, daß kurzbeinige Hunde, die imstande waren, Dachse und Füchse bis in ihre Bauten zu verfolgen, lange vor der christlichen Ära auf den britischen Inseln lebten. Man kann diese Inseln als Vorzugsland der Terriers bezeichnen, da die Mehrheit der heute existierenden Terrier-Rassen von dort stammen.

Diejenigen, die diese Rassen geschaffen haben, wollten vor allem Gebrauchshunde, die imstande sein sollten, die Füchse und "Stinker" (Dachse, Marder, Iltisse usw.) unter der Erde zu verfolgen, und Nagetiere zu töten. Aus diesem Grunde sind alle diese Rassen ziemlich aggressiv, sehr dynamisch, haben einen guten Biß und einen enormen Mut. Sie gleichen einander auch in morphologischer Hinsicht, insbesondere wegen ihrer geringen Größe, die ihnen erlaubt, in Tierbauten einzudringen, und wegen ihrer kraftvollen Kiefer.

Seit es moderne Methoden zur Schädlings- und Nagetierbekämpfung gibt, werden die Terrier immer weniger für ihre ursprüngliche Aufgabe eingesetzt. Nur drei Rassen gelten offiziell weiterhin als Gebrauchshunderassen (Fox-Terrier, Deutscher Jagdterrier und Airedale - aber letzterer arbeitet nur auf der Erdoberfläche); aus den anderen Rassen wurden vor allem Begleithunde, und nur einzelne Hunde arbeiten noch auf Initiative ihres Meisters.

Kerry blue Terrier

Mit seiner Schulterhöhe von ca. 49 cm ist er der größte irische Terrier. Er entstand im 19. Jahrhundert vermutlich aus der Kreuzung von verschiedenen Terriers aus der Grafschaft Kerry, im Süden Irlands. Er hat einen kräftigen Kopf mit zwei dünnen, nach vorne getragenen Ohren. Der Körper ist muskulös und gut entwickelt; der ziemlich breite Rücken ist gerade und der schlanke Schwanz wird hoch getragen. Das Haar ist fein, seidig, üppig, gewellt und kommt in jeder Schattierung von Blau vor.

Herr und Frau Rochette sagen zu Recht, daß der Kerry Blue Terrier, auch wenn er seine Kraft zu nutzen weiß, um sich bei den anderen Hunden Respekt zu verschaffen, auch sehr sozial sein kann: Hazelboy Grenemore beweist es immer wieder.

Bedlington

Er ist aus der Kreuzung von Dandie Dinmont und Whippet in der Grafschaft Northumberland entstanden. Die Minenarbeiter der Region schätzten seine hervorragende Fähigkeit als Rattenjäger und benützten seine Dienste zu Beginn des 19. Jahrhunderts, um die Ratten zu fangen, die massenhaft in den Minen vorkamen.

Mit einer Schulterhöhe von 40 cm ist er ein mittelgroßer, graziöser, schneller und muskulöser Hund. Sein birnenförmiger Kopf, sein langer Hals und sein gewölbter Rücken verleihen ihm das Aussehen eines Lammes. Dazu tragen auch das üppige Schopfhaar auf dem Oberkopf und die Neigung zur Lockenbildung seines Fells bei. Die Fellfarbe ist weiß, blau, blau und lohfarben, leber- oder sandfarben.

Seit er zum Begleithund geworden ist, ist der Bedlington freundlich und anhänglich zu seinem Meister, wie hier Wetop Juggler mit Frau Mallet. Der Bedlington bemüht sich immer, seine Anhänglichkeit zu beweisen; trotzdem kann er immer noch sehr scharf werden, wenn er gereizt wird, und er ist mutig und schneidig wie alle Terriers.

Lakeland Terrier

Dieser englische Terrier ist im 19. Jahrhundert an der westlichen Grenze Schottlands geboren, in der Nähe der irischen See. Er stammt aus derselben Gegend wie der Border Terrier, aber aus dem Osten, und seine Aufgabe war, die Füchse zu erlegen, die die Schafherden angriffen.

Er ist elegant, hat einen gut proportionierten Kopf und V-förmige Ohren. Der Rücken ist kräftig und kurz, der kupierte Schwanz wird gerade getragen. Der Lakeland Terrier mißt maximal 37 cm und hat dichtes und hartes Haar. Seine Fellfarbe ist schwarz und loh, blau und loh, rot, weizenfarben, kastanienbraun, blau oder schwarz.

Wie Patterdale Ivory, auf den Armen von Liselotte Accarie, erfüllen die Lakeland Terriers ihre Rolle als Begleithunde zur vollsten Zufriedenheit ihrer Meister. Sie haben aber ihren Jägerinstinkt behalten.

Border Terrier

Er ist in Cumberland, einer Grafschaft aus dem Nordwesten Englands, an der schottischen Grenze, entstanden - daher sein Name, der "Grenzterrier" bedeutet.

Er hat einen fischotterähnlichen Kopf mit kleinen, V-förmigen Ohren. Sein Körper ist ziemlich lang, aber seine Rute eher kurz und immer in Bewegung. Er hat harsches und dichtes Deckhaar über kurzer, enganliegender Unterwolle. Die Fellfarbe ist rot, weizenfarben, grizzle und tan (schwarzgrau meliert mit Lohfarbe) und blau-lohfarben.

Er ist fähig, 40 km und mehr hinter den Jagdpferden herzulaufen, ohne zu ermüden. Heute wird der Border Terrier aber auch als Begleithund gehalten, obwohl ihn einige Gutsbesitzer immer noch arbeiten lassen und so dazu beitragen, die jagdlichen Eigenschaften des Border Terriers zu erhalten.

Morgan, der junge Sohn von Sandrine Charmeaux, kommt bestens mit S'Mady Lady, Denfert, Everly, Froosty, Malice, Garish Blue und Guatemala zurecht; sie sind für ihn gute Kameraden (vorgängige Doppelseite). Der jüngste der Bande, die 7 Monate alte Guatemala, erlebt ein Liebesabenteuer mit einem jungen Affen - Frau Charmeaux ist eine große Tierfreundin -, der ihr den Hof macht und ihr alle Früchte und Zuckerwaren schenkt, derer er habhaft werden kann.

Airedale Terrier

Eline des Korils d'Armor zeigt, im Vergleich zum Sealyham Darling Rose from Sealyham House (beide im Besitze der Herren Prin und Thual), daß der 60 cm große Airedale Terrier der größte aller Terriers ist (oben). Sein Name weist darauf hin, daß er Mitte des 19. Jahrhunderts im Tal des Flusses Aire, bei Leeds im Norden Englands, entstanden ist. An den fischreichen Gewässern lebten in großer Zahl Fischotter, die man früher für schlimme Fischräuber hielt und die deshalb gejagt wurden. Zu diesem Zweck kreuzte man einen Otterhound mit einem alten britischen Terrier, der heute verschwunden ist. Der Rumpf des Airedales ist schwarz und grau, die Läufe, der Kopf und die Ohren sind lohfarben. Das Deckhaar ist rauh, drahtig, dicht und fest anliegend, etwas gewellt, über weicher, kurzer Unterwolle. Der Kopf ist lang, die Ohren sind V-förmig, nach vorn fallend, und werden etwas seitlich abstehend getragen. Die hoch angesetzte, relativ lang kupierte Rute, wird "fröhlich", d.h. aufrecht getragen. Seine Größe erlaubt ihm nicht, in Bauten zu schlüpfen, aber die Jäger verwenden ihn auch zur Fischotter- und zur Hirschjagd. Er kann auch ein ausgezeichneter Schutz- und Wachhund sein.

Sealyham Terrier

Wie der Airedale Terrier ist auch der Vorfahre von Darling Rose from Sealyham House, von Herrn Prin (links), für die Fischotterjagd gezüchtet worden. Allerdings kann er seine Beute bis in deren Bauten verfolgen. Der Sealyham entstand ebenfalls in der zweiten Hälfte des 19. Jahrhunderts, im Pembrokeshire im Herzogtum Wales.

Er mißt nicht mehr als 31 cm und hat bemerkenswert kräftige , eckige Kiefer. Sein Hals ist breit und gut bemuskelt, und sein Rumpf von mittlerer Länge. Seine kurzen Vorderläufe sind kräftig, die Rute wird gerade getragen. Das harte, schlichte, anliegende Deckhaar über kurzer, weicher, dichter Unterwolle, ist reinweiß oder weiß mit gelbbraunen oder dachsfarbenen Abzeichen an Kopf und Ohren. Trotz seiner bemerkenswerten Raubzeugschärfe wird er heute als angenehmer, wachsamer, anhänglicher, sehr robuster und gesunder Haushund gehalten.

Deutscher Jagdterrier

Die Zucht dieser Rasse entstand, wie jene des Deutschen Schäferhundes, aus deutschem Nationalismus kurz nach dem Ausrufen des Kaisertums. Deutsche Förster beschlossen, einen Terrier zu züchten, dessen Jagdgebrauchswert noch besser als jener der britischen Terriers sein sollte. Allerdings gibt es ein pikantes Detail: britische Terriers mußten als Ahnen herhalten, insbesondere der englische Foxterrier und der Welsh Terrier. Mit einer Schulterhöhe von 33 bis 40 cm ist der Deutsche Jagdterrier mittelgroß. Er hat einen keilförmigen Fang mit ausgeprägter Wangenpartie, ein kräftiges Scherengebiß, V-förmige Hängeohren. Seine Läufe sind gut gewinkelt und muskulös und er trägt seine kupierte Rute eher waagrecht als aufrecht.

Er hat glattes, dichtes, hartes Rauhhaar oder dicht anliegendes, derbes, jedoch nicht kurzes Glatthaar (Stockhaar). Das Fell ist schwarz und lohfarben, braun, braunrot oder sandfarben.

Er ist ein nimmermüder Jäger, der sich nicht nur unter der Erde auf der Fuchs- oder Dachsjagd bewährt, sondern auch über der Erde beim Stöbern, Apportieren und bei der Wasserarbeit. Jagdaufseher Jacques Georget setzt Colt Pyram de la Jalletière auch bei der Suche nach verletztem Jagdwild ein. Der Deutsche Jagdterrier ist kein Haus- und Begleithund im üblichen Sinn, auch kein Spielgefährte für Kinder, sondern er gehört unbedingt in die Hände von Jägern, Förstern oder Jagdaufsehern.

Glen of Imaal Terrier

Dieser seltene, aus Irland stammende Hund gehört zu einer der ältesten Terrier-Rassen.
Er ist 33 cm hoch, hat einen breiten Kopf und auf verschiedene Arten getragene Ohren. Er hat eine breite Brust, einen langen Körper und eine kupierte Rute. Sein Haar ist mittellang und harsch oder weich, blaugestromt oder weizenfarben.
Er war früher ein ausgezeichneter Jagdterrier, der besonders auf Fuchs und Dachs spezialisiert war. Heute ist er vor allem ein Begleithund, wie Ivanhoe's Amadeus, hier mit der Tochter seines Meisters Gerhard Knieling.

Irish Terrier

Er wird auch Teufelskerl (dare devil) genannt. Einigen Kynologen zufolge gab es diese Rasse bereits im 18. Jahrhundert, doch es ist wahrscheinlicher, daß die Rasse erst gegen Ende des 19. Jahrhunderts aus verschiedenen lokalen Terriers entstand.
Er hat einen langen Kopf, einen kräftigen, nicht zu breiten Fang und kleine, V-förmige Ohren, die eng an den Wangen anliegen und nach vorne fallen; sein Hals ist lang, sein Rücken gerade und die kupierte Rute wird aufrecht getragen. Er hat ein doppeltes Haarkleid: das Deckhaar ist hart und drahtig, die Unterwolle weich und kurz. Er ist einfarbig rot, rotweizen oder gelbweizen.
Er ist intelligent, treu, lebhaft, mutig, kinderlieb. Wenn er nicht gerade in

Bewegung ist, sieht er ausgesprochen ruhig aus, wie Joe von der Leimkaul, der sich an Jean-Paul Péresse schmiegt. Doch der Schein kann trügen: Joe beweist seinen Mut, wenn es nötig ist. Zusammen mit seinem Weibchen hat er acht Wildschweine aufgestöbert und sich erfolgreich gegen eine 150 kg schwere Wildsau behauptet, um seine verletzte Begleiterin zu retten.

Fox Terrier

Im Jahre 1570 wird erstmals über
das Leben der Fox Terriers berich-
tet. Allerdings handelte es sich um
alte Terriers, die heute verschwunden sind, nämlich die schwarz-loh
und die weißen Terriers. Der
moderne Fox Terrier ist im 19. Jahrhundert aus der Kreuzung dieser
beiden Rassen entstanden. Zuerst
entstand der glatthaarige, einige
Jahre später der drahthaarige
Schlag. Letzterer wurde wegen des
Comic-Hundes Struppi, aus "Tim
und Struppi", außerordentlich
bekannt und beliebt.
Der Fox Terrier hat einen kräftigen
Fang, kleine, V-förmige, nach vorn
fallende, dicht an der Wangenpartie getragene Ohren, einen kurzen
Rücken und eine hoch angesetzte,
kupierte, aufrecht getragene Rute.
Das Haarkleid ist weiß mit roten

oder schwarzen Körperplatten.
Beide Schläge sind äußerst lebhaft
und außerordentlich schnell. Züchter vergleichen sie gerne mit Jagdpferden. Der Fox Terrier wird häufig
noch jagdlich geführt und er hat
sich seine Fähigkeiten voll erhalten.
Er wird vor allem auch zum Apportieren von Kleinwild eingesetzt.

Glatthaar-Fox Terrier

Er hat fest anliegendes, kurzes,
dichtes Glatthaar.
Smooth Touch At Travella ist aufgeweckt und lebhaft, aber auch sehr
gesellig und nur glücklich, wenn er
mit Patrice Legros sein kann, der seinerseits weiß, daß er voll auf ihn
zählen kann (oben).
Unten, Eymar de la Vallée sous
terre, von Denis Lobjois.

Drahthaar-Fox Terrier

Er hat Drahthaar, d.h. hartes,
schlichtes Deckhaar über kurzer,
weicher, dichter Unterwolle. Das
Deckhaar darf weder wollig noch
seidig sein, auch nicht zu dicht
oder zu struppig.
Alle Fox Terriers sind eigensinnig
und mutig, aber auch dickköpfig;
sie brauchen einen Meister, den sie
respektieren und der ihnen täglich
genügend Auslauf gewährt, um
sich auszutoben. Dann kann dieser
Hund seinen Meistern auch wundervolle und relativ
ruhige Entspannungs-
momente liefern, wie
Farmer's Daky und Far-
mer's Flore, von Herrn
und Frau Ruano.

Schwarzer Terrier

Tchiorny Terrier

Es handelt sich um eine sowjetische Neuzüchtung aus der Nachkriegszeit (Zweiter Weltkrieg). Erwünscht war ein mehrseitiger Hund für die Kolchosen, der imstande sein sollte, Herden zu hüten, als Wachhund zu dienen und sich auch auf der Jagd bewähren sollte.

Loyd Antoshka, der über Brigitte Monfort steht, zeigt, daß die Klassierung dieses großen Hundes - er kann bis 72 cm hoch werden - in der Gruppe der Terriers abnormal ist. Das rührt daher, daß die Rasse erst kürzlich von der Fédération cynologique internationale anerkannt worden ist, und daß diese Dachorganisation sie einfach nach ihrem Namen eingereiht hat. Er würde jedoch besser zur 2. Gruppe passen, da er eindeutig

vom Riesenschnauzer abstammt. Er ist kraftvoll, hat einen langen Kopf mit Schnauz und kleinem Bart, eine hohe und breite Brust, einen geraden und muskulösen Rücken und einen großen, kupierten Schwanz. Sein rauhes, hartes und üppiges Haar ist sehr dicht und von schwarzer Farbe, manchmal mit einigen grauen Haaren. Er ist rustikal und robust und paßt sich allen klimatischen Verhältnissen an.

Jack Russel Terrier

John (Jack) Russell studierte anfangs des 19. Jahrhunderts, Theologie an der Universität von Oxford, als er sich für die Fuchsjagd und die Terriers zu interessieren begann. Er entwickelte einen Terrier, der seiner Idee von der Jagd entsprach. Nach seinem Tod, 1883, wurden leider Tiere gezüchtet, die nicht mehr dem ursprünglichen, von Reverend John Russell geschaffenen Typ entsprachen. Erst in den 70er Jahren kehrten die Züchter zu jenem Modell zurück. Deshalb wurde diese Rasse von der Fédération cynologique internationale erst provisorisch anerkannt. Nach einer Probezeit wird die wissenschaftliche Kommission prüfen, ob die Hunde alle demselben Typ entsprechen. In Frankreich wird die Rasse bereits anerkannt.

Mit seiner Größe von 35 cm, seinem ausgewogenen Kopf, seinem geraden und kräftigen Rücken und seinen sehr kräftigen Läufen ist der Jack Russell Terrier ein aktiver, schneller und ausdauernder Arbeitshund. Er ist rauh- oder glatthaarig, hauptsächlich weiß, mit lohfarbenen, schwarzen oder gelben Abzeichen.

Bernard Lelyon ist mit Gipsy du Pré Mil äußerst zufrieden; sie gewinnt in vielen Wettbewerben, bei denen der Standard kontrolliert wird, und siegt auch bei Wettkämpfen, wo die jagdlichen Fähigkeiten in künstlichen Bauten bewiesen werden müssen.

Australian Terrier

Als sie nach Australien auswanderten, nahmen Briten ihre Hunde mit.
Der Australian Terrier ist das Kreu-
zungsprodukt verschiedener Terrier-
Rassen, insbesondere des Cairn
Terriers, des Dandie Dinmont Terriers, des Skye Terriers und des
Yorkshire Terriers. Die Rasse war
Ende des 19. Jahrhunderts fixiert.
Mit einer Schulterhöhe von 25 cm
ist er niedrig, aber kompakt, aber
auch sehr lebhaft. Er hat einen langen Kopf mit kleinen Spitzohren,
einen länglichen Körper, einen
geraden Rücken und eine kupierte
Rute. Er hat rauhes und ungewelltes
Deckhaar über kurzer, weicher
Unterwolle. Seine Farben sind
blauschwarz oder silberschwarz
mit lohfarbenen Markierungen an
Kopf und Läufen. Er ist immer noch
ein guter Jäger; wenn es sein muß,

kann er aber auch ruhig sein, wie
Dare Devils Magic Mirabunda.
Dieser Terrier ist sehr sportlich:
Muffin, auf den Armen von Frau
Bonne de Pracomtal, hat sich mit
6 Monaten in Agility-Wettkämpfen
bewährt.

Welsh Terrier

Die französischen Spezialisten
behaupten, daß der Welsh Terrier
der Nachkomme eines Terriers ist,
der mit den Kelten lebte, und der
anläßlich der römischen Invasion
mit ihnen in die Berge von Wales
flüchtete. Während Jahrhunderten
wurde er für die Ratten-, die Fuchs-,
die Dachs- und die Otterjagd
gehalten. So entwickelte er hervorragende Arbeitsqualitäten.
Er ist höchstens 39 cm groß, und
somit etwas kleiner als seine
Ahnen. Er hat eine quadratische
und sehr edle Körperform. Sein flacher Schädel verbreitert sich zwischen den kleinen, V-förmigen
Ohren. Der Rücken ist gerade, die
Vorderläufe gerade, die Hinterläufe gut gewinkelt, die kupierte
Rute wird aufrecht getragen. Er hat
hartes, dichtes, glattes Drahthaar

über kurzer, weicher Unterwolle.
Das Haarkleid ist schwarz und loh-
farben, oder grauschwarz meliert
und lohfarben, der Kopf und die
Läufe sind lohfarben.
Er ist ein lebhafter, ausgezeichneter
Arbeitshund und feiner Begleit-
hund, wie Athos des Chardons
Saint-André von Frau Reiter.

Cairn Terrier

Seit dem 18. Jahrhundert haben ihn mehrere Autoren erwähnt. Der französische Cairn-Terrier-Klub erinnert gerne daran, daß Jakob V. von Schottland dem französischen König Ludwig XIII. eine "Ladung Terriers" sandte. "Cairn" ist das gälische Wort für Steinhaufen, Steine, Hünengräber und ist damit ein passender Name für diese Hunde mit ausgezeichneten jagdlichen Fähigkeiten. In Schottland verstecken sich die Füchse und Dachse oft zwischen den Cairns, wo der Cairn Terrier sie mühelos verfolgen und aufstöbern kann, was ihm seinen Namen eintrug.

Er wiegt 6 kg und mißt 29 cm, ist ein zäher, mutiger und eifriger Terrier. Er hat einen kleinen Kopf mit spitzen Ohren, einen geraden Rücken und eine fröhlich getragene, kurze Rute. Er hat einen kräftigen Knochenbau und einen festen Stand auf geraden Läufen, üppiges, rauhes, aber nicht grobes Deckhaar über dichter, kurzer, weicher Unterwolle. Er ist steinfarben - von schwarzgrau über alle grauen und rötlichen Farbtöne bis zu heller Sandfarbe. Der Cairn Terrier muß praktisch nicht getrimmt werden. Dieser kleine, aktive und fröhliche, manchmal aber auch dickköpfige Terrier, ist stets bemüht, seinem Meister zu gefallen. So ist er imstande, seine Ausgelassenheit im Zaum zu halten, wie es die trotzdem wachsamen Djinn Fizz, Feeling, Etna und Elysée (alle vier "de la Terrardière") neben Yann Fontaine zeigen (vorgängige Doppelseite).

Cesky Terrier

Es ist die neueste der Terrierrassen; die Fédération cynologique internationale hat sie 1963 anerkannt und somit auch die Züchterarbeit von Dr. Frantisek Horak, der sie im Institut für Zoologie züchtete. Er war ein begeisterter Fuchsjäger und wollte einen Hund schaffen, der gute Eigenschaften für die Raubwildjagd, sowohl unter wie über der Erde, in seinem Heimatland Böhmen, aufweisen sollte. Zu diesem Zwecke paarte er Sealyham Terrier und Scottish Terrier miteinander.

Der Cesky Terrier hat eine maximale Schulterhöhe von 35 cm. Er ist verhältnismässig kurzbeinig, hat einen relativ langen Kopf, einen kraftvollen Hals, einen mittellangen Körper. Das üppige Haar glänzt wie Seide. Er ist leicht und wendig und führt die Arbeit, für die er geschaffen worden ist, bestens aus.

Die beiden Terriers links und rechts von Alexandra Benech gehören Frau Delplanque. Sie zeigen die beiden möglichen Farbschläge dieser Rasse: graublau (Landru de Schalckes) und hellbraun (Dolly de la Fontaine de Villiers).

Dandie Dinmont Terrier

Im 18. Jahrhundert waren die Terriers bei allen Bevölkerungsschichten Schottlands beliebt. Die im schottisch-englischen Grenzgebiet umherziehenden Zigeuner hatten die Gewohnheit, sich einmal im Jahr zu treffen, um die jagdlichen Qualitäten ihrer Terriers in einem großen Arbeitswettkampf zu vergleichen; dann kreuzten sie jeweils die besten Hunde. Aus den verschiedenen Kreuzungen zwischen Bedlingtons, schottischen Terriers und den besonders für die Fuchsjagd geeigneten Skye Terriers entstand der Dandie Dinmont Terrier. Bekannt wurde die Rasse, als Schottlands Nationaldichter, Sir Walter Scott, 1814 einen Roman (Guy Mannering) veröffentlichte und darin das Leben des Farmers und Jägers Dandie Dinmont mit sei-

nen kleinen pfeffer- und senffarbenen Terriers beschrieb. Der Roman war ein Bestseller der damaligen Zeit und machte die Pepper and Mustard Terriers schnell populär. Bald nannte man sie nur noch Dandie Dinmont, nach der Romanfigur. Der Dandie Dinmont ist klein, hat aber einen sehr groß wirkenden Kopf. Sein langer, niedriger, kräftiger und wendiger Körper erinnert an den eines Wiesels. Die kurzen Läufe sind sehr gut bemuskelt. Der ziemlich niedrige Rücken ist geschwungen, und die Rute wird säbelartig und nicht zu hoch getragen. Er hat Mischhaar aus hartem und weichem Haar, das am Körper etwa 5 cm lang ist. Die Farben sind pfeffer- oder senffarben, mit hellerem Schopfhaar und ebensolcher Ohrbefederung.
Von links nach rechts, neben Stéphane Segal: Babeloona du Nid

des Flibustiers, in seinem Besitz, und German's Dandie Beauty Barina, Gwennie und Ghillie de la Valoise de Bréançon, die alle drei Frau Tessier gehören.
Nebenan, Gregoria de la Valoise de Bréançon, von Herrn und Frau Jenny.

Norwich Terrier

Dieser kleine Terrier, der nicht höher als 25 cm werden darf, entstand Ende des 19. Jahrhunderts aus Kreuzungen zwischen den kleinen, lohfarbenen Terriers, die zwischen Cambridge und Norwich sehr zahlreich waren, und Bedlingtons, Bull Terriers und Irish Terriers. Zu Beginn durfte er sowohl stehohrig wie kippohrig sein, aber da beide Ohrenhaltungen miteinander gepaart wurden, war das Resultat eine schlechte Ohrhaltung. Vor einigen Jahren trennte man die Rasse in zwei verschiedene Schläge: die stehohrigen hießen weiter Norwich Terrier, den kippohrigen gab man den Namen Norfolk Terrier.

Der Norwich Terrier ist ein stämmiger kleiner Terrier, kurzbeinig, kompakt, mit einem kurzen Rücken und einer aufrecht getragenen Rute. Der Fang ist fuchsig und kräftig, die mittel-

großen, spitzen Ohren sind gerade - was man bei Scarlet Runners Harlekin, den Frau Bonne de Pracomtal trägt, bestens sieht. Sein hartes, drahtiges Haar ist gerade und anliegend. Am Hals und an den Schultern ist das Fell länger und bildet fast eine Mähne. Der Norwich Terrier kommt in allen Tönen von rot bis weizenfarbig, auch schwarz und lohfarben oder meliert (grizzle), vor.

Harlekin ist mutig: als er einmal merkte, daß seine Meisterin nach wiederholtem, nächtlichen Klingeln an der Haustüre etwas verängstigt war, legte er sich quer über sie, um sie zu beruhigen.

Norfolk Terrier

Es sind Wurfgeschwister der Norwich Terrier, von dem sie sich nur durch die Ohrenstellung unterscheiden. Sie sind mittelgroß, V-förmig, aber mit leicht gerundeter Spitze, und fallen seitlich der Wangenpartie nach vorn. Man sieht diesen wichtigen Unterschied sehr schön bei Easy That's me, genannt Busy, von Ardina Strüwer.

Norfolk und Norwich Terriers waren ursprünglich Otter- und Kaninchenjäger, heute aber Begleithunde. Sie sind aber immer noch sportlich geblieben und können trotz ihrer kur-

zen Beine schnell und gut laufen. Busy beispielsweise begleitet oft Fräulein Strüwer, die eine gute Reiterin ist, und folgt dem Pferd mühelos.

West Highland White Terrier

Er verdankt seine Existenz einem bedauernswerten Irrtum von Oberst Malcolm von Poltaloch: dieser war ein großer Jäger, der mit zahlreichen kleinen rötlichen Highland Terriers auf die Fuchs- und Kaninchenjagd ging. Eines Tages glaubte er, auf einen im Gebüsch versteckten Fuchs zu schießen, tötete aber einen seiner Terriers. Auf der Stelle beschloß er, zukünftig nur noch weiße Hunde zu halten, und nach geduldiger Zuchtauslese gelang es ihm, den West Highland White Terrier zu schaffen, den seine Anhänger Westie nennen. Er ist einer der Stars der Werbefilme, was durchaus verständlich ist, wenn man die edle Haltung, die Eleganz und das schalkhafte Aussehen von French Lover de Champernoune, Call me the Champ de Champernoune und Excentricity de

Champernoune, mit Frau Amato und Frau Round-Vanlaer sieht.
Der Westie ist kompakt, verspielt, ausgelassen, fröhlich, zu jedem Unfug bereit und sehr anhänglich. Er hat einen spitzbübisch aussehenden Kopf mit kleinen, aufrecht getragenen, spitzen und nicht zu eng stehenden Ohren. Der Rücken ist gerade, die unkupierte Rute ist hoch angesetzt und wird aufrecht getragen. Der Westie hat schlichtes, hartes, nie gewelltes Deckhaar über weicher, dichter, anliegender, kurzer Unterwolle; er ist reinweiß, ohne gelbliche Tönung.

Scottish Terrier

Die schottischen Terriers, die alle von den Terriers der Kelten abstammen, trennten sich in lokale Rassen, je nach den regionalen Selektionskriterien: im Nordwesten, in der Region der Highlands, waren es kompakte, rauhhaarige Terriers; auf den westlichen Inseln waren es langgestreckte, langhaarige Terriers; im Osten waren es kurzbeinige, großköpfige Terriers. Der Scottish Terrier ist eine Art Synthese der verschiedenen Rassen im Osten Schottlands.
Seine gedrungene und kraftvolle, kurzbeinige Silhouette ist den Liebhabern von Whisky wohl bekannt, ist sie doch das Emblem einer weltbekannten Marke. Der Scottie hat einen langen Kopf, aufrecht getragene, kleine, spitze Ohren, einen muskulösen Hals, einen eher kurzen

Rücken, eine mittellange, aufrecht oder leicht gekrümmt getragene Rute. Er hat hartes, dichtes, glattes Deckhaar über kurzer, weicher Unterwolle. Erlaubt ist jede Farbe gestromt, schwarz oder weizenfarben.
Obwohl der Scottish Terrier nicht mehr als Arbeitshund gehalten wird, hat er die Wendigkeit und die Lebhaftigkeit seiner Ahnen behalten. Wie Emeraude des Rives du Morbras, von Frau Delplanque, kann er sich gelegentlich äußerst würdevoll benehmen.

Bull Terrier

Er ist 1860 vom englischen Hundekenner Hinks gezüchtet worden; obwohl er nie verriet, welche Rassen er kreuzte, vermutet man, daß es die Bulldogge und der alte weiße, britische Terrier waren, und eventuell Greyhound und Pointer. Die Rasse war Ende des 14. Jahrhunderts fixiert. Sie erlangte wieder eine gewisse Beliebtheit im Anschluß an eine amerikanische Fernsehserie, in der ein Bull Terrier das Maskottchen einer Jägerstaffel war.

Diese Rasse gibt es in zwei Schlägen.

Miniatur Bull Terrier

Der einzige Unterschied zum Standard Bull Terrier ist die geringere Größe; der Miniatur Bull Terrier wird nur 33,5 cm hoch.

Die 17 Monate alte Erenden Macosqin of Aldringham, die vor Fräulein Fety steht, beweist, daß der schlechte Ruf des Bull Terriers unbegründet ist: dank sorgfältiger Zuchtauswahl sind die heutigen Bull Terriers perfekt ausgeglichen.

Standard Bull Terrier

Er hat einen eiförmigen Kopf mit kleinen, dicht beieinander angesetzten und dünnen Ohren und sehr kleinen, sehr dunklen, schrägliegenden Augen. Sein Rücken ist kurz, mit leichter Wölbung über der Lendenpartie, die Rute ist tief angesetzt, kurz und verjüngt sich zur Spitze. Sein Fell ist kurz- und glatthaarig, reinweiß oder weiß mit Markierungen am Kopf, oder farbig (vorzugsweise gestromt) mit weißen Abzeichen, auch tricolor, wobei das Weiß dominieren muß. Es gibt keine Gewichts- und Größenangaben, doch muß der Bull Terrier stets den Eindruck maximaler Substanz für seine Größe machen.

Das Verhalten von First Sitting Bull du Mockcastel erstaunt Michel Gauvrit jeden Abend: sobald die

nächtliche Ruhe eingetreten ist, schleicht der Hund in den Salon, packt die Kissen der Polstersessel und trägt sie sorgfältig und diskret an den Ort, der ihm als Schlaflager dient.

Silky Terrier

Die Rasse wurde kurz vor der letzten Jahrhundertwende von australischen Züchtern geschaffen, die Yorkshire Terriers mit Australian Terriers kreuzten.

Er ist 23 cm hoch, kompakt und von mittlerer Länge, hat kleine, runde, dunkle und lebhaft blickende Augen, V-förmige, aufrecht getragene und nicht zu große Ohren. Der Rücken ist gerade, die kupierte Rute wird gerade, aber nicht aufrecht getragen. Er hat ein schönes, feines und glänzendes Haarkleid, bestehend aus 13-15 cm langem Seidenhaar, das ihm den Übernamen "Seidenterrier" eingetragen hat. Die Farbe ist dunkelblau und lohfarben bis silberblau und lohfarben.

Er hat den ursprünglichen Terrierinstinkt behalten, und tötet sofort jede

Ratte, deren er habhaft werden kann. Casa de Casey Sassy de Satsy, von Frau François Istas, ist lebhaft und dynamisch wie alle anderen Hunde dieser Gruppe. Er ist neugierig und tritt sofort in Aktion, wenn er etwas Ungewöhnliches hört.

Black and Tan Terrier

English Toy Terrier
Er ist die verkleinerte Ausgabe eines Manchester Terriers, entstanden durch eine gezielte Zuchtselektion der kleinsten Exemplare dieser Rasse, bis die gewünschte Größe erreicht war. Wie es Guy Gland zeigt, kann er die kleine Brynlythe Florine problemlos überall mitnehmen - dies umso mehr, als die durchschnittlich 3 kg schweren Toy Terriers äußerst diskret sein können, wenn dies von ihrem Meister verlangt wird. Sie können aber auch temperamentvoll, fröhlich, flink und sehr mutig sein. Der Toy Terrier ist kompakt, aber die Klarheit seiner Linien verleiht ihm eine ausgesprochene Eleganz. Sein kurzes, dichtes, weiches und glänzendes Haar benötigt überhaupt keine Pflege.

American Staffordshire Terrier

Diese erst seit etwa 50 Jahren anerkannte Rasse entwickelte sich in
England aus Bull Terrier und Staffordshire Bull Terrier. Die Amerika-
ner, die früher von den populären
Hundekämpfen sehr angetan
waren, nahmen mehrere dieser
Hunde nach Amerika und begrün-
deten mit ihnen die offizielle Rasse.
Nebenan Energy du Parc de Com-
breux, von Herrn Destrebecq. Mit
seinem hoch getragenen, mittellangen Kopf, den kurzen
Stehohren, der hohen
und breiten Brust, dem
muskulösen Körper,
dem kurzen und leicht
abfallenden Rücken und
der kurzen Rute erweckt er
den Eindruck großer Kraft.
Er mißt zirka 48 cm. Sein
Haar ist kurz, hart und glänzend. Er ist dynamisch, energisch
und braucht unbedingt viel Bewegung. Wenn er gut erzogen worden ist, kann er ein ausgezeichneter Wachhund sein, aber sein Meister muß ihm imponieren und eine
starke Hand haben.
Wenn sie den charakterlich sehr
ausgewogenen Hagele's Hotshot,
genannt Charly, von Frédéric
Chauvineau betrachtet, bedauert
Fräulein Berruet, daß in den Vereinigten Staaten die Staffordshire Terriers von ahnungslosen Hundehal-
tern zu gefährlichen Hunden abgerichtet werden. Dadurch schaden
sie dieser Rasse, und deswegen
verbreiten Medien übertriebene
Verallgemeinerungen und Halb-
wahrheiten über sie.

Staffordshire Bull Terrier

Es gibt sie in England seit bald zwei
Jahrhunderten. Ihre Abstammung
geht auf alte Bulldoggen und ein-
heimische Hunde der Britischen
Inseln zurück. Dieser Terrier wurde
in England nach dem Zweiten
Weltkrieg äußerst populär. Er mißt
zwischen 35 und 41 cm, ist kräftig
gebaut und sehr gut bemuskelt. Er
hat Rosenohren oder halb aufrecht
getragene Ohren, einen kurzen
Hals, einen gedrungenen Körper,
gerade, ziemlich weit auseinan-
derstehende Vorderläufe, gut
bemuskelte und gewinkelte Hinterläufe. Sein Fell ist rot, rehbraunfar-
ben, weiß, blau oder jede dieser
Farben mit weiß, auch gestromt
oder gestromt und weiß.
Er ist unerschrocken und kühn und
braucht einen Meister mit "eiserner
Faust in einem samtenen Hand-
schuh". Dann wird dieser rührige
Hund ruhig und anhänglich, wie
Fox Lady de la Lune de Sang und
Funny Droopy de la Lune de Sang,
von Herrn und Frau Petit.

Yorkshire Terrier

Sein Name weist auf seine Entstehung in der nordenglischen Provinz Yorkshire hin. Er soll von Wilderern gezüchtet worden sein, die ihre illegale Aktivität mit Hilfe eines kleineren Terriers ausüben wollten, als es dazumal gab. Es scheint, daß sie dies durch Kreuzungen von Cairn Terriers und Maltesern erreichten, wobei letztere vor allem für das wundervolle Haarkleid verantwortlich waren. Die Rasse wurde im Jahre 1886 offiziell homologiert.

Er wiegt weniger als 3,2 kg und ist ein kleiner, kompakter Hund. Er hat einen kleinen, zierlichen Kopf mit flachem Oberkopf und kleine, V-förmige, aufrecht getragene Ohren, frei von langem Haar. Der Rücken ist

gerade, die ziemlich kurz kupierte Rute wird etwas über der Rückenlinie getragen. Sein sehr langes, seidiges Haarkleid ist von dunklem Stahlblau auf dem Körper, lohfarben (tan) am Kopf, an der Brust und am unteren Teil der Läufe.

Djebel Amour, French Cancan, Gueule de Loup und Gage d'Amour, alle aus dem Zwinger von Majodian, unternehmen mit Pascale Mark lange Spaziergänge, während denen ihr Jägerinstinkt, jedesmal wenn sie einen Tierbau entdecken, wieder erwacht.

Im Gegensatz zu seinem Aussehen ist der Yorkie (so wird er von seinen Anhängern liebevoll genannt) ein robuster und sportlicher Hund. Aber dieser "Charmeur", ein fröhliches, lebhaftes und intelligentes Kerlchen, kann auch ein wunderbarer Begleithund sein.

Skye Terrier

Er stammt von der Insel Skye, aber auch von den anderen Inseln vor dem Küstenbereich des westlichen schottischen Hochlandes, und er vereint in sich die Eigenschaften der Terriers, die im Archipel der Hebriden leben. Sein langer, niedriger Körper und sein fülliges Haarkleid verleihen ihm eine charakteristische Gestalt. Die Marionnette Pollux, aus einer Fernsehserie, hat ihn bei mehreren Generationen von Kindern äußerst populär gemacht. Er hat einen langen Kopf mit flacher Schädeldecke und kräftigem Fang, normalerweise gerade, manchmal aber auch hängende Ohren. Er hat Rauhhaar von ca.15 cm Länge, welches glatt und anliegend kurze, dichte, weiche Unterwolle bedeckt. Die Farbe ist dunkel- bis hellgrau, sektfarben mit schwarzen

Spitzen. Wegen dieses Haarkleids haben viele Liebhaber dieser Rasse ihre jahrhundertealten, jagdlichen Fähigkeiten vergessen, um den Skye Terrier zu einem reinen Begleithund zu machen.

Will man das Haarkleid des Skye Terriers so behalten, wie bei Demetan of Miss Liberty's, von Frau Garoni, muß es oft und regelmässig gebürstet und gekämmt werden.

Dachshunde

Die vierte Gruppe besteht aus nur einer Rasse - eine Verfügung, die innerhalb der Fédération cynologique internationale zu endlosen Diskussionen geführt hat, da verschiedene Länder fanden, es sei nicht normal, dass eine einzige Rasse als ganze Gruppe zählen sollte. Doch Deutschland, als Ursprungsland der Rasse und demzufolge als ihr technischer Leiter, ließ gelten, daß die Körpermerkmale und die Vielseitigkeit des Dachshundes aus ihm eine ganz besondere Rasse gemacht haben.

Die Fédération cynologique internationale war zwar von der morphologischen Argumentation Deutschlands nicht überzeugt, räumte jedoch ein, daß dieser hervorragende Arbeitshund in sehr unterschiedlichen Sparten tätig ist:

- in der Jagd unter der Erde, im Bau, um Fuchs und Dachs zu jagen, wie die Terriers der 3. Gruppe;
- als spurlauter Brackierer bei der Verfolgung des Kaninchens oder des Hasen, wie die Laufhunde der 6. Gruppe. Der Dachshund arbeitet wie sie auch oft in der Meute;
- als Schweißhund am langen Riemen: diese ökologische Arbeit wird vom französischen Office national des forêts besonders unterstützt, da der Dachshund während langer Zeit der einzige Hund war, der diese Disziplin (mit außerordentlichem Erfolg) ausführte. Seit einigen Jahren widmen sich ihr mehrere Rassen der 7. Gruppe (der Vorstehhunde).

Diese Argumente gaben für die Entscheidung der Fédération cynologique internationale den Ausschlag.

Der genaue Ursprung dieses deutschen Dachshundes wird von den Kynologen heftig diskutiert: die einen meinen, er stamme aus Ägypten, aber sie erklären nicht, wie er dann nach Deutschland gelangte; andere sind der Ansicht, er stamme von mittelalterlichen deutschen Bracken ab. Die zweite Theorie ist die logischere.

Der Dachshund oder Dackel hat flache, abgerundete und nicht übertrieben lange Ohren; sie sind hoch und weit hinten angesetzt; der Kopf ist lang. Der Hals wird stets hoch getragen, ist lang, muskulös, trocken bemuskelt, im Genick leicht gewölbt, ohne Kehlwamme. Der Rumpf ist sehr lang und die Rute ist lang mit starkem Ansatz und verläuft in derselben Linie wie das Rückgrat.

Er ist intelligent und temperamentvoll und ist kein Kläffer. Er braucht eine feste, aber nicht brutale Hand, und dann ist dieser Arbeitshund auch ein wundervoller Begleithund.

Es gibt drei Schläge, die sich durch die Haarart unterscheiden: kurzhaarig, langhaarig und rauhhaarig. Jeder Schlag kommt in drei Größen vor:

- Standard: Der Dackel wiegt höchstens 9 kg, wobei das Idealgewicht zwischen 6,5 und 7 kg liegt;
- Zwergdackel: Er darf im Alter von 18 Monaten nicht mehr als 4 kg wiegen und nicht mehr als 35 cm Brustumfang haben;
- Kaninchendackel: Er darf im Alter von 18 Monaten nicht mehr als 3,5 kg wiegen und nicht mehr als 30 cm Brustumfang haben.

Kurzhaardackel

Sein kurzes, dichtes, glänzendes und glattes Haarkleid darf weder zu grob, noch zu fein oder zu dünn sein.

Kurzhaar-Zwergdackel

Fergusalbert de l'Ancien Relais, Zwergdackel schwarz und lohfarben, von Jean Wattement.

Kurzhaar-Zwergdackel

Neben Bout'chou de la Voûte azurée, Standard-Dachshund (unten), stellt Jeannine Chopin eine schöne Gruppe kurzhaariger Zwergdackel vor, aus denen Douce und Patchouli de Sadiana herausragen (vorgängige Doppelseite).

Langhaardackel

Weiche, schlichte Haare, die unter dem Hals und der ganzen Unterseite des Körpers länger sind, bilden an der Hinterseite der Läufe eine Befederung und an der Unterseite der Rute eine Fahne.

Langhaar-Kaninchen-Dackel

Frissondamour du Dom Teckel mit Sébastien Jacops (oben).

Langhaar-Zwergdackel

Félicihossy und Elodie Jacops (rechts).

Langhaariger Standard-Dachshund, Langhaardackel

Fünf langhaarige Standard-Dachshunde umringen Frau Gérard Goguelat, die Fonzie de la Pannecière wegen ihrer Fähigkeit bewundert, Bäume zu erklettern, wenn sie mit Pénélope, der jungen Hauskatze, spielt.

Rauhaardackel

Das Haar ist auf dem Körper gleichmäßig lang und bildet ein dichtes und hartes Haarkleid.

Rauhaariger Standard-Dachshund, Rauhaardackel

Frau Serge Agogue stellt drei rauhaarige Standard-Dachshunde vor. Aus dieser Gruppe sticht insbesondere Yak Vom Frischhofsbach hervor.

Rauhaar-Zwergdackel

Cyrano du Creux de la Sablière
und Ernest Roussel-Lagache.

Rauhaar-Kaninchendackel

Herr und Frau Brunelli stellen Félix
le Chat de Ker Ki Douar, schokola-
defarbener Rauhhaar-Kaninchen-
dackel, und drei schwarz-lohfar-
bene Zwergdackel vor.

Kurzhaariger Standard-
Dachshund

Fleurine de Mostavielle, die sich
auf Serge Mallets Schulter stützt,
zeigt zwei der Wesenszüge des
Dackels: Geselligkeit und Munter-
keit.

Spitze, Nordische- und Urtyphunde

Diese Gruppe umfaßt sämtliche Rassen, die dem Urhund am ähnlichsten geblieben sind. Diese Rassen haben gewiße erbliche Körpermerkmale gemeinsam: Stehohren, keilförmiger Kopf, auf dem Rücken oder seitlich gerollte Rute. Bei einigen Rassen sind diese Merkmale die einzigen Gemeinsamkeiten. Es sind die sogenannten Primitivhunde. Andere Rassen haben zusätzliche Merkmale, die ebenfalls vererbt werden: kleine, dreieckige Ohren, ein üppiges Fell mit dichter Unterwolle. Es sind die Spitze, zu denen die nordischen Hunde (Rassen, die aus dem hohen Norden stammen), die europäischen Spitze, die asiatischen Spitze und ihre Verwandten gehören. Die zahlreichen nordischen Rassen sind je nach ihrer Funktion in Schlittenhunde, Jagdhunde, Wachhunde und Hirtenhunde (zum Bewachen und Führen der Herden) eingeteilt.

In dieser Gruppe finden sich auch Rassen, die früher zu den Windhunden gezählt wurden. Sie stammen aus dem Mittelmeerraum und jagen alle Kaninchen; sie haben zwei wichtige Körpermerkmale der Urtyphunde: die Stehohren und den keilförmigen Kopf.

Mit dem Aufkommen der speziell für den hohen Norden konzipierten Transportfahrzeuge ist die Anzahl der Schlittenhunde zurückgegangen. Hundefreunde, die jedoch die speziellen Fähigkeiten dieser Schlittenhunde bewahren wollen, organisieren zu diesem Zweck spezielle Wettkämpfe, deren Resultate bei der Wahl der besten Zuchttiere berücksichtigt werden.

Liebhaber dieser Rassen organisieren außerdem Wettbewerbe für Schlittenhunde, die mit den Arbeitsprüfungen nichts gemeinsam haben, jedoch sehr beliebt sind. Der Wunsch, unbedingt zu siegen, hat gewisse Konkurrenten dazu geführt, gewagte Kreuzungen vorzunehmen, um schnellere Hunde zu schaffen. Wegen dieser gefährlichen Tendenz hat in Frankreich die Société centrale canine die Fédération cynologique internationale eindrücklich daran erinnert, daß sie solche Praktiken nicht tolerieren sollte. Nur die Unmöglichkeit, eine der bereits bestehenden Rassen - wovon es vierhundert offiziell homologierte gibt - eine Arbeit ausführen zu lassen, die der menschlichen Gesellschaft nützlich ist, würde die Schaffung einer neuen Rasse rechtfertigen.

Sibirischer Husky

Er stammt aus Ostsibirien, wo er von den dort lebenden Nomadenvölkern (Jugakiren, Tschuktschen, Korjaken und Kamtschadalen) als Zugtier für die Schlitten und als Helfer bei der Jagd eingesetzt wurde. Entgegen einem hartnäckigen Gerücht hat der Husky nicht unbedingt blaue Augen; sie können auch braun sein, und es gibt sogar Hunde, die je ein blaues und ein braunes Auge haben. Sein Fang ist mittellang, seine dreieckigen Ohren sind mittelgroß, mit leicht abgerundeten Spitzen, dicht behaart und hoch angesetzt. Seine Brust ist hoch und kräftig, sein Rücken gerade und mäßig kompakt. Seine kräftigen Läufe verleihen seiner Gesamterscheinung eine große Eleganz. Er hat Doppelhaar, wobei das Deckhaar gerade, relativ weich und anliegend ist. Alle Farben von schwarz bis reinweiß sind erlaubt, mit vielerlei Abzeichen am Kopf, die bei anderen Rassen kaum angetroffen werden.

Er ist mittelgroß - zwischen 53 und 60 cm - und vor allem ein Arbeitshund, der seine Aufgabe als Schlittenhund mit größter Kompetenz ausführt, indem er eine leichte Last bei mittlerer Geschwindigkeit über lange Strecken zieht. Er eignet sich nicht für die Stadthaltung und neigt dazu, auszubrechen.

Wer würde beim Anblick von Cosaque und seiner triumphierenden Haltung als respektierter Leithund glauben, daß er der einzige Hund seines Wurfs war, der wegen seiner Kupferfarbe keinen Käufer fand? Frau Anglade war durch soviel Gleichgültigkeit schockiert, sah sie doch in ihm einen zukünftigen Champion; sie hatte recht: unter ihrer klugen Leitung wurde er zum Sieger.

Grönlandhund

Dieser sehr kräftige, ausdauernde Hund, ist gewöhnt, unter den schwierigsten Bedingungen in einem arktischen Milieu zu arbeiten, wo er bei zahlreichen Expeditionen zum Nord- oder Südpol als Zugtier eingesetzt wurde, insbesondere von solchen unter der Leitung von Paul-Emile Victor, der die Rasse in Frankreich bekannt machte. Trotz seiner Tendenz, auszureißen, ist der Grönlandhund gesellig. Allerdings zeigt er sich nur ausnahmsweise so liebevoll mit seinem Meister wie Amaraqs D'Giro mit Herrn Delente, da er von Natur aus zurückhaltend ist.

Er mißt mindestens 60 cm, hat einen kräftigen Hals, eine sehr breite Brust, einen starken und gut bemuskelten Rumpf und einen geraden Rücken. Sein Fell ist dicht mit geraden, harschen Deckhaaren und weicher Unterwolle, relativ kurz an Kopf und Läufen, ziemlich lang am Rumpf, reichlich und lang an der Rutenunterseite. Alle Farbvarianten sind gestattet, ein- und mehrfarbig.

Von den Grönländern wird er nur im Freien gehalten. Seine große Widerstandskraft erlaubt ihm, größte Kälte, aber auch Hitze, zu ertragen. Heute wird er nur noch von den Eskimos und den Jägern des hohen Nordens als Schlittenhund eingesetzt.

Alaskan Malmute

Der Star-Rummel hat das Benehmen Umalooil Over Vale And Dales nicht verändert: obwohl er in zahlreichen Werbespots, einer Fernsehserie usw. mitgewirkt hat, ist er seiner Meisterin Michèle Raust de Palma immer noch treu verbunden. Die Anhänglichkeit zu seinen Meistern ist eine der charakteristischen Wesensarten dieses großen und kraftvollen Hundes, der von der Bucht von Kotzbue, in der Meerenge von Behring, stammt. Seinen Namen hat er von den Mahlemuts, einem Eingeborenenvolk Alaskas, unter dessen Obhut er ursprünglich gehalten und gezüchtet worden sein soll.

Er ist der größte und schwerste der Schlittenhunde: seine Brust ist tief, er ist kompakt, schwerknochig und kraftvoll und kann schwere Lasten über sehr lange Strecken ziehen. Seine Augen sind möglichst dunkelbraun, niemals blau. Sein dichtes und hartes Fell ist hellgrau bis schwarz, stets mit Weiß am Unterleib, auch an Läufen und Pfoten, oder auch reinweiß. Er kann sich gut an ein gemäßigtes Klima gewöhnen, liebt jedoch große Hitze nicht.

Der würdige, ruhige und entschlossene Umalooil Over Vale And Dale ist unzertrennlich von seinem Weibchen Arctic Black Gipsy Over Vale And Dale, das mit ihm, unter der Leitung von Frau Raust de Palma, an allen vom französischen Klub der nordischen Hunderassen durchgeführten Schlittenhunderennen teilnimmt.

Samojede

Dieser elegante, ziemlich große Hund - er mißt durchschnittlich 57 cm - hat seinen Namen von dem Nomadenvolk der Samojeden, die ursprünglich in Westsibirien, im Gebiet vom Weißen Meer bis zum Lauf der Jenissej, als Fischer, Jäger und Rentierzüchter lebten. Die Ahnen der heutigen Samojedenhunde zogen mit jenen Nomaden und dienten ihnen als Hüter der Rentiere und Schlittenzieher sowie als Helfer bei der Bärenjagd. Der unermüdliche Traber mit dem energischen Aussehen ist robust und flink. Er ist sehr würdig und ein wunderbarer Begleithund, der gerne bei seinem Meister ist, wie es Arlette Flamand erzählt, wenn sie an ihre Bezie-

hung mit Blue Sky's Dapper Dan und Ivory Madonna of Sameida denkt (vorgängige Doppelseite).

Norwegischer Elchhund

Norsk Elghund Grä
Er mißt 52 cm, hat eine breite Brust, einen kompakten und ziemlich kurzen Rumpf, ein dichtes, üppiges, rauhes und wetterbeständiges Haarkleid auf dichtem, reichem, glattem Deckhaar und weicher, heller Unterwolle. Das Fell ist grau mit schwarzen Haarspitzen, heller an Brust, Bauch, Läufen und Rutenunterseite. Dieser aus Norwegen stammende Hund war seit Urzeiten ein ausgezeichneter Jäger: kraftvoll, ausdauernd, mutig, mit einem feinen Geruchssinn, war er für die Vikinger ein bemerkenswerter Hel-

fer auf der schwierigen Elchjagd. Der Société centrale canine ist es 1991 gelungen, anerkennen zu lassen, daß der Geruchssinn des Elchhunds in Wettkämpfen getestet werden kann. Das Amt "Eaux et Forêts" beabsichtigt, ihn für die Zählung des Wilds einzusetzen. Trotz seiner Geselligkeit ist der Elchhund sehr unabhängig: Djerva du Rocher de Sisyphe, die Herrn und Frau Christian Collas sehr liebt, hat es vorgezogen, ihren letzten Wurf abseits vom dazu vorgesehenen Raum zu werfen und aufzuziehen - nämlich unter dem Wohnwagen.

Finnenspitz

Suomenpystykorva
Seine Ahnen waren die Begleiter der ersten Einwohner Finnlands. Wenn man Finn' Fellow de la Cascade des Jarreaux vor Herrn Robeaux sieht, könnte man meinen, der Finnenspitz sei ein großer Hund, aber das ist nur eine durch den Aufnahmewinkel verursachte Illusion, denn er ist mittelgroß - 44 bis 50 cm. Sein Rumpf ist fast quadratisch, sein Rücken gerade und kräftig. Seine Augen, seine Ohrenhaltung und sein Schwanzwedeln verraten eine große Lebhaftigkeit und viel Temperament. Sein kurzes, glatt anliegendes Haar ist rotbraun oder gelbrot. In Finnland wird er mit größtem Erfolg zur Federwildjagd eingesetzt.

Norwegischer Lundehund

Er stammt von den Atlantik-Inseln Lofoten und Vesterälen im Nordwesten der norwegischen Küste. In den schroff abfallenden Felsen der Küsten leben viele Papageitaucher (norweg. Lunne), die die Inselbewohner lebendig von den norwegischen Lundehunden einfangen lassen. Er ist ein gewandter Kletterer, da jede seiner Pfoten sechs Zehen hat - eine absolute Ausnahme in der ganzen Hundewelt. Sein Haarkleid besteht aus dichtem und rauhem Deckhaar, das glatt anliegend ist, und aus dichter und weicher Unterwolle. Die Farbe ist schwarz, grau oder braun in verschiedenen Tönen, kombiniert mit weiß. Er ist leicht und macht einen quirligen Eindruck. Seine außergewöhnliche Wendig-

keit erlaubt ihm, den Kopf bis auf den Rücken zurückzulegen. Zudem kann er die Knorpel im oberen Gehörgang verschließen und so das Innenohr gegen das Eindringen von Wasser und Erde schützen. Diese anatomischen Besonderheiten erlauben ihm, in den engen und feuchten Höhlen zu arbeiten.

Crow Hunter und Douchka sind aufmerksam, diskret und freundlich, aber sie verfallen manchmal in uralte Instinkte, indem sie in Hühnerhöfe eindringen; allerdings verletzen sie die schwarzen Zwerghühner, die sie in ihren Fang nehmen und zu Füßen von Frau Robert, absetzen, nie.

Karelischer Bärenhund

Karjalankar Hukoï Ra
Karelien ist ein Gebiet beidseitig der russisch-finnischen Grenze. Der Karelier, eine sehr alte Rasse, stammt aus dem russischen Teil dieser Gegend. Nach der Revolution von 1917 verloren die Russen das Interesse an diesem Hund, und die Finnen übernahmen ihn.
Es handelt sich um einen mittelgroßen Hund - 54 bis 60 cm -, der robust, kräftig und etwas länger als hoch ist. Er hat ein dichtes Haarkleid aus geradem und steifem Haar; es ist schwarz, vorzugsweise bräunlich oder matt, meist mit weißen Abzeichen oder Flecken an Kopf, Hals, Brust, Bauch und Läufen. Er hat einen außergewöhnlich gut entwickelten Geruchssinn, was aus ihm einen hervorragenden Jagdgehilfen für die Jagd auf

Großwild (die in Karelien häufig vorkommenden Bären und Wildschweine) macht, vor allem auch, weil er sehr ausdauernd und mutig ist.
Leider kursiert das hartnäckige Gerücht, der karelische Bärenhund habe einen schwierigen Charakter. Björnehusets Gordon und Björnehusets Gaia gehorchen immer sofort den Befehlen der jungen Chloé Meyer und beweisen damit, daß dieses Gerücht ungerechtfertigt ist.

Isländer Spitz

Islandsk Färehond

Es ist ganz natürlich, daß die junge Margot Lembrez sehr stolz auf G'Käta ist, denn es handelt sich um den ersten in Frankreich - von Jocelyne Thomas - importierten Vertreter dieser Rasse.

G'Käta gehört zu einer Rasse, die seit zehn Jahrhunderten existiert. Im 10. Jahrhundert hat Island zahlreiche Einwanderer aus Norwegen und Schweden aufgenommen. Zwischen den Hunden der Einwanderer und den primitiven, heute verschwundenen Spitzen, die damals auf Island vorkamen, kamen zahlreiche Paarungen vor. Aus diesem "melting pot" stammt der heutige Isländer Spitz.

Sein Haarkleid besteht aus mittellangem, am Körper dicht anliegendem Haar und ist bräunlich, gelb-

lich, silberfarben, grau, schmutzig weiß, schwarz mit Abzeichen. Dieser lebhafte und leichte Hund ist ein ausgezeichneter Hirtenhund, und er kann auch als Wachhund eingesetzt werden. Er ist gemacht für ein Leben auf dem Lande. Er entwickelt eine starke Bindung an seine Meister und liebt es, mit den Kindern zu spielen.

Schwedischer Schäferspitz

Västgötaspets

Der lebhafte und neugierige Blick von Hurtsfiels Halde und Drammerican's Biba, die voller Aufmerksamkeit vor Edwige Thomas stehen, zeigt ihre Wachsamkeit, ihr Temperament und ihre Energie - Qualitäten, die charakteristisch für die schwedischen Schäferspitze sind. Dieser kleine Hund - er hat eine Schulterhöhe von 33 cm - hat sich in Frankreich gut eingelebt. Jocelyne Thomas hat die ersten Exemplare dieser Rasse 1988 importiert.

Es handelt sich um eine sehr alte schwedische Rasse; die Vikinger hatten dem Västgötaspets die Bewachung ihrer Herden und ihrer Wohnungen anvertraut und sie nahmen ihn auf ihren Schiffen mit, wenn sie auf Eroberung ausgingen, insbesondere auf die Britischen Inseln. So gelangten mehrere dieser Hunde nach Wales, wo sie sich mit einheimischen Hunden paarten und den Welsh Corgi entstehen ließen, der ihnen stark gleicht. Er ist kurzbeinig, hat einen kräftigen Hals und einen sehr muskulösen Körper. Er hat hartes, dichtes, halbkurzes Deckhaar mit weicher, dichter Unterwolle; seine Farbe ist grau mit dunklen Deckhaaren auf dem Rücken, Nacken, den Schultern und unten nach der Seite hin, dazu graugelbe oder hellgraue Partien auf der Schnauze, Kehle, Brust und zum Teil auf den Läufen. Er ist ein genügsamer, wetterfester und arbeitsfreudiger Hütespitz, der den Herden imponiert. Er ist vorwiegend ein Landhund, aber er kann sich auch an ein Leben in der Stadt gewöhnen.

Lappländer Rentierhund

Lapinkoira

Catherine Agnus - hier zusammen mit Lumiturpa Baksu Bake (20 Monate) und Katrin Onerva (4 Monate), die ihr gehören, und Finntrix Tupu (3 Jahre), von Herrn Trichet - liebt es, mit diesen vier nordischen Hunden am Meeresstrand zu laufen. Nach der Hundeausstellung in Nantes führte sie an den Strand von Saint-Brévin, wo alle vier umherliefen und in ein flaches Wasserbecken fielen, wobei Frau Agnus ihre ausgezeichneten Schwimmtalente feststellen konnte. Dieser finnische Hütehund aus Lappland ist mittelgroß - maximale Schulterhöhe von 52 cm - und etwas länger als hoch. Sein langes und dichtes Haarkleid besteht aus langem und harschem, ziemlich dicht anliegendem und glänzen-

dem Deckhaar und aus dichter und weicher Unterwolle. Die Farbe ist schwarz oder bärenbraun. Die ersten Einwohner Finnlands setzten ihn als Hüter ihrer Renherden ein. Er ist sehr widerstandsfähig, mutig, folgsam, intelligent und ruhig und seit jeher ein ausgezeichneter Hütehund. Heutzutage wird er vor allem als Begleithund gehalten.

Deutscher Spitz

Seine Ahnen leisteten den ersten Pfahlbauern Gesellschaft. Sie halfen ihnen sowohl bei der Jagd, wie als Wach-, Zug- und Begleithunde. Ursprünglich war der Spitz ein großer Hund; im Verlaufe der Jahrhunderte wandelte sich seine Gestalt, zuerst natürlicherweise, später, d.h. in den letzten beiden Jahrhunderten, infolge gezielter Zuchtauswahl. Den heutigen Spitz gibt es in fünf Schlägen, die sich ausschließlich durch ihre Größe voneinander unterscheiden.
Alle Spitze haben ein wundervolles und sehr üppiges Fell mit dichtem, wegen der Unterwolle abstehendem Haar. Ihr Hals ist mittellang und verschwindet unter einer üppigen Mähne. Sie haben einen fuchsartigen Kopf, einen lebhaften und intelligenten Blick, sehr bewegliche

Ohren und einen aufgeweckten, neugierigen und leicht frechen, sehr charakteristischen Ausdruck. Sie hängen an ihrem Herrn und seiner Familie, sind sehr mißtrauisch gegenüber Fremden - Eigenschaften, die aus ihnen ausgezeichnete Begleithunde machen.

Mittelspitz

Er mißt 29 bis 36 cm. Sein Haarkleid kann weiß sein, wie bei Elphy du Périgord Vert, von Jacqueline Peracini, oder schwarz, braun, orange, wolfsfarben. Königin Victoria besaß mehrere solcher Hunde, mit denen sie gerne spielte, um sich zu entspannen und sich von ihren schweren Pflichten abzulenken.

Kleinspitz

Er mißt 23 bis 28 cm. Sein Haarkleid ist orange, wie bei Elton du
Bois de Moque Souris, von Moni-
que Bourgalay, weiß, braun,
schwarz oder wolfsgrau.

Wolfsspitz

Mit einer Schulterhöhe von durchschnittlich 50 cm ist er der größte
der Spitze.
Fendy zum Asphof und Igmar vom
Osterhof zeigen die Schönheit der
wolfsgrauen Farbe. Die Läufe, die
Schenkel und die Rute sind hell, der
Rest des Haarkleids ist anthrazit-
grau und zeigt auf Schulterhöhe so
etwas wie einen hellen Harnisch.
Neben Fendy und Igmar besitzt
Benoît Wiart fünf andere
Wolfsspitze. Nach der
Geburt seiner Tochter
lösten sich alle sieben
Hunde im Kinderzimmer
ab, um vor der Wiege
eine Dauerwache aufzu-
stellen.

Mittel-, Klein- und Zwergspitz

Die Mittel-, Klein- und Zwergspitze sind oft orange, wie Dyleine des Lutins des Tilleuls, Elke du Val d'Almoyren und Eika, von Véronique Le Bihan und Eric Fongarnan.

Großspitz

Er ist 40 bis 50 cm hoch und sein Haarkleid kann schwarz, braun oder weiß sein, wie das der beiden Großspitze von Michel Bouleau, der zu recht besonders stolz ist auf Funky de l'Igloo des Edelweiß (der größere der beiden).

Zwergspitz

Er mißt weniger als 22 cm und kann wolfsgrau sein, wie Cassius du Val de l'Ange blanc, oder orange wie Voyou de l'Ange blanc, beide im Besitze von Jacqueline Desouche, aber er kann auch schwarz oder weiß sein.

Hokkaido-Hund

Takumi Ashibe, der in Paris lebt, schätzt die Anwesenheit seiner beiden Hokkaido-Hunde Kumatorow Kouri und Katsume Tomikawa Toyoda. Sie sind treu, folgsam und liebevoll und bringen ihrem Meister ein Stück Heimat nach Paris.

Der Hokkaido war ein vom altasiatischen Volk der Ainu auf den Inseln Sakhalin, Kaurilen und Hokkaido, im Norden Japans, gezüchteter Hund. Im 8. Jahrhundert übernahm der Clan der Fujara die Macht und stieß die Ainu auf die Insel Hokkaido zurück. Deren Abgeschiedenheit trug dazu bei, die Reinheit der Hunde zu bewahren, die mit ihnen lebten und die sie vor allem für die Bärenjagd verwendeten.

Heutzutage ist er vor allem ein Wachhund. Der Hokkaido hat eine schnelle, leichte und elastische Gangart. Mit seiner Schulterhöhe von 52 cm ist er mittelgroß, von robuster Konstitution und ausgeglichen. Sein Haar ist rauh und gerade, schwarz, rot, braun, Pfeffer und Salz oder gestromt. Weiß ist unerwünscht, da sich weiße Hunde schlecht vom Schnee abheben.

Akita Inu

Er ist groß - der größte der japanischen Spitzhunderassen -, robust gebaut, imposant, mit leicht rechteckigem, aber ausgewogenem Körperbau. Er stammt aus der japanischen Provinz Akita, wo er im 18. Jahrhundert der bevorzugte Begleiter der japanischen Adeligen war. Im 19. Jahrhundert wurde er in Hundekämpfen eingesetzt, aber er wurde von einem Molosser, dem Tosa, übertrumpft, und seine Rasse verlor danach rasch an Beliebtheit. Nach dem Zweiten Weltkrieg wurde der Akita Inu wieder beliebter. Er ist 67 cm hoch und von harmonischer Gestalt. Sein rauhes und gerades Haar ist rot, Pfeffer und Salz, weiß oder gestromt.

Patrick Suard ist 1979 zum ersten Mal einem Akita Inu begegnet: er schlief auf dem Strand von Shiba, am Ufer des Pazifiks, in der Nähe von Tokyo, als er von einem großen Hund geweckt wurde, der sich vor ihn hingestellt hatte und ihn anbellte. Herr Suard war hingerissen von dessen Bärenkopf mit den schräggestellten Augen, seiner kraftvollen, aber eleganten Erscheinung. Er informierte sich mehr über die Rasse und kaufte dann seinen ersten Akita Inu. Seit dreizehn Jahren ist er jetzt verliebt in diese Rasse, deren Zucht er sich mit Leidenschaft widmet. Er rühmt die Intelligenz, Folgsamkeit, den Mut und das edle Wesen des Akita Inus. Daigoroh und Kasuga, auf dem Podium, Waka Obakosow und Hinaude Obakosow in den Armen von Herrn Suard, rechtfertigen seine Begeisterung.

Japanischer Spitz, Nihon-Inu

Nihon Suppitsu
Wie alle Spitze ist er ein Nachkomme des Torfhundes, aber er gehört zu einer relativ neuen Rasse, die zu Beginn des 20. Jahrhunderts aus Paarungen europäischer und japanischer Spitze entstand.

Mit einer Schulterhöhe von 30 cm ist er ein kleiner Hund von harmonischer und ausgewogener Gestalt. Er hat gerades und abstehendes Haar, ein üppiges Haarkleid von reinweißer Farbe. Er hat einen spitzen Fang und dreieckige Stehohren. Seine hoch angesetzte Rute wird federbuschartig getragen.

Der japanische Spitz ist fröhlich, aufgeweckt und mutig. In Europa gibt es nur wenige Exemplare davon, aber kein einziges in Frankreich. Luisella Gecchinato kam aus Italien an die international bekannte Hundeausstellung der Société centrale canine, um Midori vorzuzeigen, der sich effektiv auszeichnete.

Shiba-Inu

Er stammt von Hokurika, auf der Ostküste der Insel Honshu, im Nordosten Tokyos, wo er einst für die Jagd auf Kleinwild verwendet wurde. Heute wird er ausschließlich als Begleithund gehalten.

Auch wenn er nicht sehr groß ist - 39 cm -, ist er gut proportioniert und muskulös, wie Welshim Osanu at Vormund, auf den Armen von Catherine le Palec. Sein Haar ist rauh und gerade, schwarz, schwarz und lohfarben, rot, weiß oder gestromt. Er ist aktiv und schnell, aufgeweckt, treu und folgsam. Wie alle Spitze ist er sehr sauber.

Eurasier

Diva du Font du Roy, Phébus de Parayraou und Freya de Parayraou sind drei der acht Eurasier von Frau Mattei (vorgängige Doppelseite). Diese junge Hunderasse wurde in den 50er Jahren von deutschen Züchtern aus einem Wolfsspitz und einem Chow-Chow herausgezüchtet. Er ist mittelgroß - 52 bis 60 cm -, kompakt, solide gebaut und hat am ganzen Körper mittellanges, lose anliegendes Granhaar mit dichter Unterwolle. Sein Haarkleid ist schwarz, wolfsgrau oder rot bis falb. Er ist ruhig und offen, paßt sich den verschiedensten Wohnverhältnissen an und ist äußerst treu. Außerdem ist er wachsam, aber kein Kläffer.

Podenco Ibicenco, Balearenlaufhund

Er wurde in Spanien von phönizischen Seeleuten eingeführt. Wegen seiner hervorragenden Fähigkeiten als Kaninchenjäger haben die Spanier ihn in den Balearen angesiedelt, wo die Kaninchen große Schäden anrichteten.
Er ist ziemlich groß - bis 72 cm - und zeigt seine jagdlichen Instinkte bereits in frühestem Alter: Elodie fing ihr erstes Kaninchen im Alter von nur vier Monaten (oben). Dieser hübschen, rot-weißen Hündin ist das Wohlergehen anderer Tiere wichtig. Sie hat sich rührend um ein kleines, noch nicht entwöhntes Kätzchen gekümmert, wie sie es für einen eigenen Welpen getan hätte. Sie überrascht Herrn Gilliot immer durch ihre Art, sich wie eine Katze zu putzen.

Chow-Chow

Er begleitete die Hunnen, die Mongolen und die Tartaren, die ihn als Jagd-, Wach- und Schlittenhund hielten. Nach der französisch-englischen Expedition 1860 und der Aufnahme von Beziehungen zwischen der westlichen Welt und China interessierten sich englische Züchter für die Rasse und deren Zucht. Deshalb wurde die technische Leitung dieser chinesischen Hunderasse Großbritannien anvertraut.
Er ist zwischen 46 und 56 cm hoch, kompakt, kraftvoll und hat ein üppiges und dichtes Haarkleid, bestehend aus reichem, gerade abstehendem, etwas rauhem Lang-Stockhaar, das mit der weichen Unterwolle einen dichten Pelz und an Kopf und Hals eine Löwenmähne bildet. Die Farbe kann blau sein, wie bei Oes-Ming-Chy-Nees, oder crème wie bei Arom-Pako, beide im Besitz von Achille Lambert (rechts). Sie kann aber auch schwarz, loh oder weiß sein, häufig abgetönt, aber nicht fleckig oder scheckig. Seine Gesichtsfalten verleihen ihm ein charakteristisches löwenartiges und etwas mürrisches Aussehen. Andere Besonderheiten sind seine blauschwarze Zunge und sein eigentümlich stelzender Gang. Er ist würdevoll und ruhig, seinem Meister - er ist ein sogenannter Einmannhund - sehr zugetan, trotz einer ausgesprochenen Tendenz zur Unabhängigkeit.

Pharaonenhund

Er stammt von einem afrikanischen Urhund ab, der die phönizischen Seeleute auf ihren Expeditionen begleitete; einige von ihnen gelangten nach Malta und siedelten sich dort an. Nachdem sie die Insel im Jahre 1800 erobert hatten, interessierten sich die Engländer für diese Rasse, der sie wegen ihrer verblüffenden Ähnlichkeit mit einem oft auf altägyptischen Monumenten abgebildeten Windhund den Namen Pharaonenhund gaben.

Er ist von mittlerer Größe, schlank und von beinahe quadratischem Format. Er hat kurzes, dichtes, glattes und glänzendes Haar. Seine Farben sind weiß mit unregelmäßig verteilten feuerroten oder gelbroten Platten oder Tupfen, auch einfarbig rot.

Er ist ein eifriger und gewandter

Kaninchenjäger mit einem außerordentlichen Springvermögen. Esaü Gaillard du Croquet, von Françoise Gaillard, der hier von Herrn Herman vorgeführt wird, zeigt die edle und elegante Gestalt des Pharaonenhundes mit seinen großen Löffelohren. Sein Gehör ist hervorragend und er jagt sowohl nach Gehör wie nach Sicht.

Frau Gaillard hat Esaü wegen seiner Schnelligkeit und seines leichten Ganges den Übernamen "Gazelle" gegeben. Gazelle sucht jeden Morgen beim Aufstehen seine Meister auf, wartet ungeduldig darauf, daß sie mit ihren Händen das Flügelschlagen eines Vogels nachahmen, den er dann zu jagen vorgibt.

Cirneco de l'Etna

Wie der Pharaonenhund zählt die Sizilianische Bracke oder Ätna-Bracke, wie der Cirneco dell'Etna auch genannt wird, zu den Nachkommen jener hochbeinigen und stehohrigen Hunde, die einst von den Phöniziern in die Mittelmeerländer gebracht wurden. Einige dieser Hunde siedelten sich in Sizilien an.

Er ist ungefähr 8 cm kleiner als der Pharaonenhund und von mittlerer Größe. Sein halblanges und glatt anliegendes Haar, das harsch im Griff ist, gibt seinem Fell ein seltsames "gläsernes" Aussehen. Er ist einfarbig fahlrot mit isabell- bis sandfarbigen Schattierungen, fahlrot mit weißen Abzeichen oder weiß mit orangefarbenen Flecken. Herr und Frau Henri Brelaud haben Faetano in Italien geholt, als er nur

drei Monate alt war. Er ist in Sizilien geboren, auf den Hängen des Ätnas in der Nähe von Messina. Wie alle seine Artgenossen ist er dynamisch und sehr bewegungsfreudig. Nach zweieinhalb Jahren gemeinsamen Lebens stellen seine Besitzer fest, daß er immner noch neugierig ist wie am ersten Tag, und daß er es liebt, eine gewisse Unabhängigkeit zu demonstrieren, trotzdem aber sehr liebevoll sein kann.

Podengo Portugues, Portugiesischer Laufhund

Er ist ein Nachkomme der afrikanischen Urhunde, den die Phönizier nach den Kanarischen Inseln brachten.

Er ist ein harmonisch gebauter, gut bemuskelter, intelligenter und bemerkenswert lebhafter Hund. Er wird in drei Schlägen anerkannt: großer Schlag mit einer Schulterhöhe von 55-70 cm, Mittelschlag mit einer Schulterhöhe von 40-55 cm und kleiner Schlag, mit einer Schulterhöhe von 20-30 cm.

Elvira da Pria do Roberjo, vom kleinen Schlag, ist die erste Vertreterin dieses Schlages, die nach Frankreich kam. Ein Schlag, der so selten ist, daß Jackie Bourdin zwei Jahre warten mußte, bevor sie einen Hund kaufen konnte. Elvira hat kurzes, dichtes und glattes Haar von rehbrauner Farbe, aber das Haar des Podengo Portugues kann auch lang, rauh und mittelstark, und gelb, schwarzgrau, ein- oder mehrfarbig oder gefleckt, sein.

Basenji

Seine Vorfahren jagten vor mehreren Jahrtausenden bereits mit den Pygmäen zusammen. Später wurde er zum Helfer des primitiven Völkerstammes der Basenji, der in Westafrika, am Ufer des Kongo-Flusses, lebte. Als sich die Pharaonen später für ihn begeisterten, wurde er für die alten Ägypter zum heiligen Hund, der die Toten ins Jenseits zu führen hatte. Wahrscheinlich ist es diese Erinnerung, die Jean-Louis Grünheid dazu geführt hat, den Schutz von Edgiès Buckeye Traveler anzuflehen.

Der Basenji wird in zwei Schlägen gezüchtet, die beide seidiges und kurzes Haar und sehr elastische Haut haben:

- der "Busch-Basenji" hat eine Schulterhöhe von etwas mehr als 40 cm und ein fahlrotes Haarkleid mit weißer Brust;

- der "Wald-Basenji" ist etwas kleiner und somit dem äquatorialen Leben besser angepaßt. Sein Fell ist fuchsrot mit weißen Abzeichen, auch weiß und schwarz. Manchmal erscheint die Fuchsfarbe infolge schwarzer Pigmentation sehr dunkel.

In Afrika dient der Basenji als Pistenhund für Safaris, während die Dorfbewohner ihn als Wachhund einsetzen. Er ist ein Streuner, der eher auf dem Lande gehalten werden sollte. Er ist sehr sauber und bellt nicht, sondern läßt bei Freude nur ein jodelndes Heulen hören.

Lauf- und Schweißhunde

Als die Züchter-Kommission der Société centrale canine diese 6. Gruppe schuf, beschloss sie, sie in zwei Abteilungen zu unterteilen. Die erste umfaßt die Laufhunde, die der Fährte von Großwild folgen, während in der zweiten die Schweißhunde eingeteilt sind, die auf Schweißfährten (Schweiß = Blut) arbeiten, d.h. verletztes Großwild suchen.

Professor Triquet definierte den Laufhund wie folgt: "bei der Jagd in wildarmen, großen Revieren verwendete, hängeohrige Hunde, die der Wildfährte mit tiefer Nase und ständig lautgebend folgen".
Der Laufhund muß demnach eine gute Konstitution, ein hervorragendes Witterungsvermögen, eine gute Stimme und die Fähigkeit besitzen, ganz plötzlich den Lauf zu beschleunigen. Außerdem

muß er das Wild, das er verfolgt, und dessen Gewohnheiten genügend gut kennen, um sich von ihm nicht überlisten zu lassen. Zu diesem Zweck ist er jeweils auf eine bestimmte Wildart spezialisiert.

In der zweiten Abteilung sind die Schweißhunde vereint, die dem verletzten Großwild an seiner Schweißspur folgen. Dazu müssen sie in der Lage sein, eine Fährte auch dann aufzunehmen, wenn sie bereits "kalt" ist, d.h. mehrere Stunden nach dem Durchgang des verletzten Tiers.

Wie die Laufhunde müssen auch die Schweißhunde eine gute Stimme haben, denn wenn sie mit großer Geschwindigkeit einer Fährte folgen, verraten sie dem Jäger ihren Standort nur durch ihr ständiges Lautgeben.

Grand Anglo-Français Tricolor

Die englischen und französischen Jagdverbände setzen ihre Hunde nicht in gleicher Weise ein. In England lehrt man sie, vorwiegend nach Sicht zu jagen, während sie in Frankreich zur Arbeit auf der - mehr oder weniger alten - Wildfährte angesetzt werden, wo sie nach Witterung und ständig lautgebend jagen, um die eingeschlagene Richtung anzugeben. Die Hunde haben demnach unterschiedliche Eigenschaften: die Engländer sind schneller und widerstandsfähiger, die Franzosen haben eine weit bessere Nase und Stimme. Die sich ergänzenden Fähigkeiten haben französische Jäger dazu geführt, englische und französische Rassen zu kreuzen. Aus solchen Kreuzungen entstanden die drei für verschiedene Jagdzwecke geeigneten Anglo-Franzosen, deren Farbe und Körperbau je nach beteiligten Rassen unterschiedlich ist.
Die großen dreifarbigen Anglo-Franzosen stammen aus der Kreu-

zung von Fox-Hounds und Poitevins. Ihr Knochenbau erinnert stark an diese Poitou-Abstammung. Sie sind 60 bis 70 cm hoch, haben einen ziemlich kurzen und breiten Kopf mit mittellangen, flachen Ohren, eine breite Brust und einen geraden Rücken, der von ihrer soliden Konstitution zeugt. Sie haben kurzes, mehr oder weniger hartes Haar; ihre Farbe ist dreifarbig, d.h. mit schwarzem Mantel oder mit mehr oder weniger ausgedehnten schwarzen Flecken. Sie sind imstande, in schwierigstem Gelände zu arbeiten, sind widerstandsfähig, haben ein exzellentes Laufvermögen, einen feinen Geruchssinn und eine schöne, kraftvolle Stimme. Sie sind vor allem auf Hirsch und Reh spezialisiert, können aber auch das Wildschwein jagen.
Die Hundemeute von Bonnelles setzt sich aus großen Anglo-Franzosen zusammen, die sich wie alle Meutehunde nach der Anstrengung in der Meute ausruhen und dabei fast ineinander verschachtelt sind (nächste Doppelseite).
Es gibt noch zwei andere Schläge:

- der schwarz und weiße Schlag, dessen Knochenbau die Abstammung vom Gascon Saintongeois verrät;
- der weiße und orangefarbene Schlag, dessen ziemlich kurzer und breiter Kopf verrät, daß er englisches Blut führt.

Français Tricolore

Es ist die neueste französische Laufhunderasse. Sie wurde in den fünfziger Jahren von Herrn de Falandre herausgezüchtet, der zweifarbige große Anglo-Franzosen mit deutlicher Poitou-Abstammung mit Billys, Poitevins und vielleicht Blauen Gascognern paarte. Die Rasse war um das Jahr 1960 fixiert.
Der Français tricolore ist ein großer, eleganter und muskulöser Hund, der wohlgeordnet in der Meute jagt. Er hat einen ziemlich langen Kopf und eher breite Ohren, eine tiefe Brust, einen stämmigen Rücken und eine ziemlich lange, aufrecht getragene Rute. Der 7jährige Vainqueur, der zur Meute von Normand-Piqu'Hardi gehört und den

wir hier zusammen mit Benoît Dulac sehen, ist ein guter Vertreter dieser Rasse.
Dieser Hirschjäger kann unter Umständen auch für die Kleinwildjagd verwendet werden. Es gibt außerdem noch zwei andere französische Rassen, die auf Hirschjagd spezialisiert sind.

St. Hubertushund, Chien de Saint-Hubert

Der Legende nach soll dieser belgische Hund der reinste Nachkomme der alten Keltenbracke sein, den Sankt Hubertus im Anschluß an eine Evangelisierungsmission im Süden Frankreichs in sein Benediktinerkloster in den belgischen Ardennen einführte. Man weiß mit Bestimmtheit, daß Mönche aller Ordensgattungen große Hunde züchteten, um ihre abgelegenen Klöster zu bewachen.

Man weiß nicht genau, woher diejenigen stammten, die im Kloster St. Hubertus gezüchtet wurden, aber es ist bekannt, daß die Mönche tatsächlich einen Hund solchen Namens züchteten: sie schenkten mehrere davon den französischen Königen.

Diese Rasse hat zahlreichen anderen Laufhunderassen als Ausgangsmaterial gedient. Im 11. Jahrhundert wurde der St. Hubertushund nach England exportiert, wo man ihm wegen seines überragenden Witterungsvermögens den Namen Bloodhound gab.

Wie man es bei Ardent du Val Memorin, Dalton, Fallone und Djazz, alle im Besitze von Herrn Creton, sieht, ist der St. Hubertushund schwer und massiv, aber gut proportioniert gebaut. Er ist ein ausgezeichneter Spürhund, der oft allein arbeitet, aber auch in kleineren Meuten gehalten wird. Er ist 67 cm hoch, hat kurzes und ziemlich hartes Haar und sein Haarkleid ist schwarz und braunrot oder einfarbig braunrot. Sein großer, gut geformter Kopf ist charakteristisch: er hat einen sehr hohen und gewölbten Schädel mit deutlichem Hinterhauptstachel, die Haut an Stirne und Wangen ist stark gefaltet, die Lefzen sind sehr lang und lose hängend. Unter den Augen ist die dunkelrote Bindehaut sichtbar und er hat eine mächtige, wunderbar klingende Stimme.

Billy

Er ist in der zweiten Hälfte des 19. Jahrhunderts aus Kreuzungen französischer, heute verschwundener Rassen (die von den berühmten weißen Hunden des Königs abstammten) entstanden, wobei auch etwas Saintongeois-Blut eingekreuzt wurde. Er verdankt seinen Namen dem großen Gut, den sein Schöpfer, Gaston Hubot du Rivault, im Poitou besaß. Er ist ziemlich groß - 60-70 cm -, gut gebaut, kräftig und leicht, mit einer Vorderpartie, die größer erscheint als die Hinterhand. Sein ziemlich fein geformter Kopf hat eher flach angelegte, mit leichter charakteristischer Wendung spitz endende Ohren. Das Haar ist glatt, hart im Griff und oft etwas grob; die Farbe ist reinweiß oder weiß mit milchkaffeebraun, auch weiß mit Flecken oder hellorangefarbenem oder zitronengelbem Mantel.

Es handelt sich um einen Hirschhund. Chantelouve, hier mit Pierrick Le Roux, gehört zur Meute von Michel Le Roux, der dieser schönen französischen Rasse sehr zugetan ist. Seinen Bemühungen und denen einiger anderen Jäger ist es zu verdanken, daß die Rasse nicht verschwunden ist.

Bleu de Gascogne, Blauer Gascogner

Die Blauen Gascogner stammen von schwarzen St. Hubertushunden ab, die Gaston Phébus, Graf von Foix, mit verschiedenen, heute verschwundenen Laufhunderassen gekreuzt hat. Sie sind im Mittelalter entstanden und zählen zu den ältesten französischen Laufhunderassen. Seit dem 14. Jahrhundert sind sie praktisch typengleich geblieben. Sie sind kühn, dynamisch, enthusiastisch und zäh und teilen sich in vier Rassen auf; alle haben schwarze Flecken auf weißem Grund, der infolge der starken Tüpfelung schieferblau reflektiert.

Griffon Bleu de Gascogne

Er ist das Kreuzungsprodukt eines rauhhaarigen Griffons und eines Blauen Gascogners. Er mißt 43 bis 52 cm, sieht rustikal aus, ist stämmig und ziemlich erdnah gebaut. Sein trockenes und harsches, beinahe flach anliegendes Haar ist an Rumpf und Läufen leicht gewellt, wie man es beim 1 Jahr alten Gary sieht, der Herrn Allain gehört.

Grand Bleu de Gascogne

Er mißt 65 bis 72 cm, hat einen eher kräftigen und länglichen Kopf, eine sehr entwickelte, hohe, breite und tiefe Brust, einen eher langen Rücken und ziemlich dickes, nicht sehr kurzes und reichliches Haar. Herr Jacques Baylac ist stolz auf den 4jährigen Cartouche, der ein ausgezeichneter Vertreter des

Grand Bleu ist. Wie seine Rassengenossen hat auch er eine gute Stimme, aber er bellt nicht nur während der Jagd. Wenn Herr und Frau Baylac Handorgel spielen singt Cartouche, der dieses Instrument überaus liebt, mit zunehmend sonorer Stimme, die er je nach Rhythmus und Melodie der von seinen Meistern gesungenen oder gespielten Weise moduliert.

Petit Bleu de Gascogne

Er mißt 52 bis 60 cm und hat einen länglichen, etwas feineren Kopf als der Grand Bleu. Seine Brust ist tiefer als breit, sein Rücken ist ziemlich lang, sein Haar etwas grob, dicht und nicht sehr kurz. Baron du Grand Veilly - hier von André Lecomte vorgestellt, aber im Besitze von Lionel Sourbets - ist ein sehr schöner Vertreter einer der ältesten französischen Hunderassen.

Basset Bleu de Gascogne

Er mißt 34 bis 42 cm und hat einen
identischen Kopf - mit gebühren-
dem Größenunterschied - wie der
Grand Bleu de Gascogne. Sein
Kurzhaar ist nicht zu fein, aber
dicht.
Die dunkelbraunen Augen und der
sanfte Blick von César, im Besitze
von Daniel Gibert, sind für den Basset bleu de Gascogne charakteristisch. Dessen Standard präzisiert,
daß er ein "Vieräugel" sein, d.h.
lohfarbene Tupfen oberhalb der
Augenbrauen aufweisen muß, die
den Eindruck erwecken, er habe
vier Augen.

Griffon Vendéen

Unter der Bezeichnung Griffon Vendéen verstecken sich vier französische Laufhunderassen, wovon drei von der ersten, dem Grand Griffon Vendéen, abstammen, der seinerseits ein später Nachkomme der weißen Hunde des Königs ist, die mit grauen Saint-Louis-Hunden, Griffons de Bresse und Griffons Fauves de Bretagne gekreuzt wurden. Die Bezeichnung "Griffon" besagt, daß diese vier Rassen langes, struppiges Haar haben.
Alle Griffons Vendéens sind intelligent und entschlossen. Sie haben lange, schmale und feine Ohren, eine leicht steigende Rückenlinie und eine säbelartig getragene Rute mit abstehendem Haar. Sie sind entweder einfarbig (hell fahlgelb, hasen- oder dachsfarbig, weiß, grau), zwei- oder sogar dreifarbig.

Sie sind energisch, mutig, temperamentvoll und starrköpfig, haben einen ausgezeichneten Geruchssinn und eine mächtige Stimme.

Briquet Griffon Vendéen

Eine Kleinbracke (Briquet) ist die verkleinerte Ausgabe einer größeren Laufhunderasse, von der er abstammt. Seine Schulterhöhe liegt zwischen der jener Rasse und der des Bassets Griffon Vendéen. Der Briquet mißt zwischen 50 und 55 cm und kann alle größeren Tiere jagen.
Die harmonische Gestalt von Douchka de la Combe de Troussebois verdient die Bewunderung von Marion Fabre (vorgängige Doppelseite).

Grand Griffon Vendéen

Er mißt zwischen 60 und 65 cm und ist ein Hund, der sich für die Jagd auf alle größeren Tiere eignet. Dingo, von Daniel Boursier, zeigt die Kraft, den Adel und die guten Proportionen dieses großen Hundes, der außerordentlich arbeitsfreudig ist.

English Foxhound, Englischer Fuchshund

Diese englische Bracke stammt von verschiedenen örtlichen englischen Laufhunden ab, die nicht nach ihrem Aussehen, sondern nach ihren Qualitäten als Fuchsjäger ausgesucht wurden. Als die Rasse fixiert war, haben die englischen Jäger nur diejenigen Foxhounds in die Stammbücher eingetragen, die ausschließlich aus sechs Generationen erfolgreicher Fuchsjäger stammten.

Es sind geschmeidig gebaute, widerstandsfähige und äußerst gesunde Tiere. Sie haben einen kraftvollen Knochenbau, einen breiten Schädel, einen langen Hals, einen breiten Rücken und eine Rute, die in einer Spitze auslaufen soll. Er ist meutegebunden und jagt den Fuchs auf Sicht.

Caporal ist in England geboren. Marcel Thépault hat mit ihm bereits viele Jagdsaisons erlebt und hofft, noch viele weitere mit diesem alten Kameraden zu erleben, der trotz seines Alters - zehn Jahre - noch alle körperlichen und charakterlichen Eigenheiten seiner Rasse bewahrt hat (oben).

Anglo-Français de Petit Vénerie

Wie bei den großen Anglo-Franzosen waren es die ergänzenden Qualitäten der verschiedenen französischen und englischen Laufhunderassen, die die französischen Jäger dazu bewogen, "anglo-französische" Kreuzungen vorzunehmen, um spezielle Hasenmeutehunde zu erhalten. Dr. Emile Guillet, der ein hervorragender Kenner und Verteidiger aller französischen Laufhunderassen war, hat diesen Hund wie folgt beschrieben: "Dieser kleine Meutehund ist ein Halbblut, das für seine Funktion gut ausgerüstet ist. Er hat die Eleganz und die Vornehmheit des französischen Hundes behalten. Auf der Jagd ist er zuverlässig, flink, ausdauernd. Er hat eine französische Nase und Stimme, aber was ihn von anderen

gleich großen Rassen am meisten unterscheidet, ist sein Temperament. Er hat das Wesen eines großen Laufhundes behalten und ist demnach folgsam und leicht auf eine bestimmte Beute zu spezialisieren." Er ist 48 bis 56 cm hoch, hat kurzes, dichtes und glattes Haar und ein dreifarbiges Haarkleid (weiß, schwarz und lohfarben). Die 3jährige Edile, von Alain Dubois, ist eine hervorragende Hündin, deren Qualitäten Dr. Guillet begeistert hätten.

Beagle-Harrier

Der Beagle-Harrier wurde Ende des letzten Jahrhunderts von französischen Jägern aus Beagle, Harrier und zweifellos auch französischem Briquet herausgezüchtet. Im Verlaufe der Jahre stellte es sich jedoch heraus, daß das Resultat unbefriedigend war, und neue Zuchtlinien wurden anhand von Beagle und Harrier geschaffen, nach einem strengen Zuchtplan, der vom Klub und von Professor Théret ausgearbeitet wurde, im Einverständnis mit der Société centrale canine, die 1980 befand, daß die Rasse gut fixiert war.
Etoile de la Vallée des Acacias, Flash de la Vallée des Acacias, Bora de Pauzat und Briska de Pauzat, von Herrn Paltor, sind harmonische, gut gebaute und ausgeglichene Hunde. Sie haben einen mit-

telgroßen Kopf und mittellange und breite, fast flache Ohren.
Der Beagle-Harrier hat ein ziemlich grobes, nicht zu kurzes, aber flaches und meist dreifarbiges Haarkleid. Er ist ein vielseitig einsetzbarer Laufhund, der Hase, aber auch Fuchs, Reh und Wildschwein jagen kann.

Chien d'Artois

Diese alte französische Rasse, die vom St. Hubertushund abstammt, wurde nur noch vereinzelt gezüchtet und war im 20. Jahrhundert vom Aussterben bedroht. Vor zirka zwanzig Jahren bemühten sich einzelne Züchter, sie anhand einiger Rassevertreter, die sie nach langen Nachforschungen aufgefunden hatten, wieder aufzubauen. Dank ihren Bemühungen ist der moderne Chien d'Artois dem Originalmodell sehr nahe.

Er mißt 56 bis 58 cm, ist gut gebaut und hat einen geschmeidigen und ruhigen Gang. Sein Kopf ist kräftig und breit, sein Rücken mittellang; seine lange und spitz auslaufende Rute wird sichelförmig getragen. Er wird vorwiegend auf der Hasenjagd eingesetzt, während seine Vorfahren Rotwild und Wölfe jagten.

Die dreijährige Elegante gehört zur Meute Saint-Louis. Josette Pilat ist zu recht stolz darauf, sie vorzeigen zu dürfen: Elegante weist alle körperlichen und charakterlichen Merkmale ihrer mittelalterlichen Vorfahren auf.

Porcelaine

Diese Rasse wurde im 18. Jahrhundert von Züchtern aus der Lorraine aus Laufhunden herausgezüchtet, die vermutlich selbst von den weißen Hunden des Königs und großen schweizerischen Laufhunden abstammten.

In den 70er Jahren war ihr Bestand so tief gesunken, daß ihre Züchter einen Klub gründeten, um den Porcelaine zu retten. Als allererstes nahmen sie eine systematische Bestandsaufnahme vor, um die interessanten Zuchttiere sinnvoll einsetzen zu können. Der systematische Wiederaufbau der Rasse, die durch leichte Einkreuzungen von Harriers und Billies ergänzt wurde, war erfolgreich, und der Bestand der Porcelaine erreichte bald wieder ein normales Niveau.

Wie man es beim dreijährigen Elan sieht, der von Didier Barrier vorgestellt wird, ist dieser Laufhund sehr vornehm; alle Details seines Körperbaus zeigen seine große Klasse. Er hat einen zierlich modellierten und eher länglichen Kopf mit feinen, eingerollten Ohren. Sein Hals ist ziemlich lang, sein Rücken breit und gerade, und seine Rute mittellang und gegen die Spitze leicht aufgebogen. Die Haare sind glatt, fein, dicht und glänzend; das Haarkleid ist schneeweiß mit rundlichen, orangefarbenen Flecken ohne Mantelbildung; rassetypisch sind die orangefarbenen Tupfen am Behang. Der Porzellanhund hat eine feine Nase und eine ausgezeichnete Stimme. Er gilt als einer der besten Allzweckhunde, aber am liebsten jagt er Hasen.

Fauve de Bretagne

Es handelt sich um eine der ältesten Laufhunderassen - im Mittelalter gab es davon zahlreiche Meuten. Er stammt von einem hervorragenden Wolfsjäger ab und wurde während langer Zeit in drei Schläge eingeteilt: Griffon, Briquet und Basset (Seite 192). Der Briquet ist vollständig verschwunden. Der Fauve de Bretagne ist knochig und muskulös und macht einen kraftvollen und ländlichen Eindruck. Er hat mittellange, spitz endende Ohren, einen muskulösen Hals, eine breite Brust und eine nicht allzu lange, leicht sichelartige Rute. Sein Haar ist harsch und hart, dicht, nicht sehr lang. Seine Fellfarbe reicht von goldenem Weizenfarben bis zu Ziegelrot.

Griffon Fauve de Bretagne

Er mißt 48 bis 56 cm und jagt vor allem Wildschwein und Fuchs.
Bob, von Herrn Cann, ist widerstandsfähig, aktiv und temperamentvoll. Er hat einen ausgezeichneten Charakter und trotzt jedem Unwetter; er ist widerstandsfähig und kommt in jedem Gelände zurecht.

Griffon Nivernais

Diese sehr alte französische Rasse stammt wahrscheinlich vom heute verschwundenen Griffon de Bresse ab. Sie war jahrhundertelang berühmt, ging jedoch seit der zweiten Hälfte des 18. Jahrhunderts zurück. Glücklicherweise schlossen sich deren Züchter zusammen und stellten einen Rettungsplan auf, der hundertprozentig funktionierte.

Der Griffon Nivernais ist sehr rustikal, struppig und trocken. Er mißt 55 bis 60 cm. Er hat einen hageren und langen Kopf mit geschmeidigen, mittellangen, auf Augenhöhe angesetzte, gegen das abgerundete Ende leicht gefaltete Hängeohren. Sein Rücken ist lang und er hat eine Säbelrute. Sein Haarkleid ist wolfs- oder blaugrau, schwarz-dunkelbraun mit roten Abzeichen an Gesicht und Glied-

maßenenden, rehbraun mit schwarzen und weißen Stichelhaaren.

Er ist mutig, sieht etwas traurig aus und ist eher für Ausdauer als für Schnelligkeit gebaut. Guy Lamoureux und Alain Jullien, Besitzer von Gonfleur und Fanfare, sind des Lobes voll über diese Hunde, die sie für ihre feine Nase, ihre Zuverlässigkeit als Spürhund und ihren großen Mut bewundern. Sie weisen darauf hin, daß der Griffon Nivernais insbesondere auf Wildschwein und Fuchs spezialisiert ist.

Basset Fauve de Bretagne

Er mißt 32 bis 38 cm und ist ein "zusammengeschrumpfter" Fauve de Bretagne, mit einem verhältnismäßig längeren Rücken. Er ist vor allem ein "Stöberer".

Aster und Dick, die auf Hasenjagd spezialisiert sind, haben ein hartes und harsches Haarkleid, das ihnen erlaubt, in das dichteste Gebüsch und Gestrüpp einzudringen. Sie sind lebhaft und ausdauernd bei der Jagd, und zuhause ist Robert Monard auch vollends zufrieden mit ihnen, da sie ruhig und anhänglich sind.

Petit Basset Griffon Vendéen

Er mißt 34 bis 38 cm und ist sehr schnell. Wenn er allein auf einem mittelgroßen Gelände arbeitet, ist er dem Jäger ein ausgezeichneter Helfer für die Fasanen- und Hasenjagd. Er hat einen ausdrucksvollen Kopf, das Aussehen eines Charmeurs und ist ein wundervoller Kamerad. Dalton, Eglantine, Emma, Bulle, Gazelle und Houra, alle aus dem Zwinger "de l'Office des rives de l'Eure et de la Seine", fühlen sich innerhalb der Familie Fauchereau wohl. Diese sechs kleinen Jäger lassen sich von den jüngeren Kindern, ohne je einmal zu knurren, am Schwanz, am Bart und an den Haaren ziehen.

Basset Artésien-Normand

Die Rasse wurde im vergangenen Jahrhundert durch Kreuzungen des Bassets d'Artois und des Bassets Normands geschaffen.

Ermine des Compagnons des Hautes Erres, von Christian Dubois, zeigt den athletischen, aber nicht schwerfälligen, und eleganten Körperbau und die angenehm anzuschauende Gestalt dieser Rasse (oben).

Der Basset Artésien-Normand mißt 30 bis 36 cm. Er hat einen gewölbten Kopf und deutlich korkzieherartige, spitz endende und mindestens bis zur Nase reichende Ohren. Seine Brust ist breit und gerundet, sein Rücken stramm und breit, seine an der Wurzel kräftige Säbelrute läuft dünn aus, ohne Bürste und nie auf den Rücken fallend. Er hat kurzes und glattes, nicht zu feines Haar und ist meist dreifarbig mit viel Gelb an

Kopf und Körper oder mit schwarzen Flecken; er kann auch hasen- oder dachsfarben mit gelben Spitzen sein. Er hat eine sehr feine Nase, ist sehr fährtensicher und hat eine schöne Stimme. Er ist ein Allzweckhund, aber mit einer Vorliebe für Hasen und Kaninchen. Seine Ruhe, sein Gehorsam und sein freundliches Wesen machen aus ihm einen angenehmen Gefährten.

Grand Basset Griffon Vendéen

Ihr Typ wurde von Paul Desamy fixiert, der Hunde herauszüchten wollte, deren Größe ihnen erlauben sollte, Hasen im vollen Lauf einzufangen. Sie sind 39 bis 43 cm hoch. Guy Raffier jagt oft den weißen Hasen in der Gegend des Briançonnais, in großen Höhen,

und nimmt dabei Uxel und dessen Sohn Don Juan des Hautes Clauzes mit (rechts).

Er meint, daß die im Lärchenwald inmitten der Meute jagenden beiden Hunde und der Klang ihrer harmonischen Stimmen, wenn sie einen "Weißen" aufspüren, ein außerordentliches Spektakel darstellen.

Harrier

Wie es sein Name sagt - Hasenhund -, wurde dieser englische Hund für das Aufstöbern und die Verfolgung von Hasen geschaffen. Im Mittelalter existierte er in zahlreichen lokalen Schlägen, die die englischen Meuteführer im 19. Jahrhundert vereinheitlichten. Der Kynologe Emile Guillet betrachtete ihn als einen Hund mit mittelmäßiger Nase und wenig ausgeprägtem Jagdtrieb und fehlender

Initiative, der von seiner Stimme zuwenig Gebrauch macht. Seiner Meinung nach war er besser im "fox hunting" (Reitjagd auf Füchse in der Ebene) als auf französischen Jagdpisten. Es freute ihn, daß die französischen Jagdhündinnen ihn verbessert hatten und daß die in Frankreich gezüchteten Harrier als ausgezeichnete Hasenhunde gelten konnten. In schwierigem Gelände setzen ihn Jäger zur Fuchs-, Rotwild- oder Wildschweinjagd ein.

Velina de la Petite Roche, rechts von Jean-Claude Maeso, ist kräftig und leicht (Seite 196). Sie hat einen Kopf von mittlerer Breite, einen ziemlich langen und etwas zugespitzten Fang und V-förmige, ziemlich kurze Ohren. Der Harrier hat glattes, flaches Haar in allen Houndfarben, d.h. allen Schattierungen von schwarz bis orangefarben. In Frankreich ist er oft dreifarbig.

Beagle

Sein genauer Ursprung ist umstritten, aber wir wissen mit Sicherheit, daß die ersten im 19. Jahrhundert in Frankreich importierten Beagles zur Hasenjagd bestimmt waren. In England gibt es ihn in zwei Schlägen: einer davon entspricht dem Standard, aber er kann nicht jagen, der andere ist ein perfekter Jäger, aber sein Körperbau ist nicht standardgerecht. Der französische Beagle-Klub hat sich bemüht, standardgerechte, gut jagende Hunde herauszuzüchten, und es ist ihm dank der Hilfe der Züchter auch gelungen. Der Beagle hat kurzes und dichtes Haar, in allen Houndfarben außer Leberfarben; die Schwanzspitze ist weiß. Derby de la Petite Roche,

links von Jean-Claude Maeso, ist lebhaft, immer in Bewegung, kraftvoll und vornehm. Er hat einen kräftigen, aber nicht schwerfälligen Kopf, und seine Ohren sind flach mit abgerundeter Spitze. Wie sehr viele Liebhaber von Laufhunden nimmt Herr Maeso oft gar keine Waffe mit sich, wenn er seine Hunde jagen läßt, denn seine Leidenschaft ist, den Hunden bei der Arbeit zuzuschauen und der "Musik" der jagenden Meute bei der Verfolgung des Wildes zu lauschen.

Harrier

Siehe Bildlegende auf Seite 195.

Basset Hound

Dieser britische Hund ist ein Nachkomme des alten französischen Basset d'Artois, der nach England importiert und dort mit Beagles und St. Hubertushunden gekreuzt wurde; der Basset Hound ist das Produkt dieser Kreuzungen. Er ist der schwerste aller Bassets.
Er ist kurzbeinig, gut proportioniert, von vornehmer Gestalt trotz seines schweren Körperbaus. Seine Schulterhöhe beträgt 33 bis 38 cm und er wiegt 25 bis 30 kg. Wie man es bei Davidof du Clos d'Egremont und Florentin d'Egremont sieht, die beide Geneviève Nicolas gehören, hat der Basset Hound einen großen, charakteristischen Kopf mit hoher Wölbung und loser, faltenbildender Haut. Er hat braune Augen und einen traurigen, sanften Blick. Sein Körper ist lang und sein

Rücken ziemlich breit. Sein Haarkleid ist normalerweise dreifarbig (schwarz, lohfarben und weiß). Seine wahre Aufgabe ist die Jagd, insbesondere die Fuchs-, Wildschwein- oder Hasenjagd. Trotz seines tolpatschigen Aussehens ist dieser Laufhund flink.

Schweizer Laufhunde

Sie haben alle denselben Ursprung und stammen vom schwarzen St. Hubertushund ab, aber haben sich in vier Rassen aufgespalten, die zahlreiche Gemeinsamkeiten aufweisen und sich vor allem durch ihr Haarkleid unterscheiden. Einer von ihnen, der Jura-Laufhund vom Typ St. Hubertus, weist einige Unterschiede auf, vor allem an Kopf, Brust, Läufen und Schwanz.

Alle vier Rassen sind in je zwei Schläge von unterschiedlicher Größe unterteilt: 42 bis 50 cm für den mittleren Schlag, 32 bis 41 cm für den kleinen Schlag.

Die Hunde dieser vier Rassen sind von ziemlich langgestrecktem Körperbau. Sie haben einen langen Fang und gefaltete, korkenzieherartig getragene Ohren. Ihr Rücken ist ziemlich lang und gerade, und die nicht allzu lange Rute wird waagrecht gestreckt oder mit schwacher Biegung nach unten oder nach oben getragen.

Luzerner Laufhund

Er hat ein kurzes und grauweiß oder schwarzweiß gesprenkeltes (blaues) Haarkleid mit größeren dunklen oder schwarzen Platten und einzelnen schwarzen Tupfen. Während Finette de Péguie, die vor ihm sitzt, ihm nie Mühe bereitet hat, erinnert sich Herr Goyat mit Emotion an die Sorgen, die er wegen Senior de Tayog gehabt hat, als er mit seiner Meute von Luzerner Laufhunden bei einer Temperatur von - 10°C jagte: im Verlaufe des Vormittags verlor die Jagdgesellschaft ihre Meute. Vier Hunde wurden am Abend wieder aufgefunden, aber zwei fehlten; am nächsten Vormittag fand man noch eine Hündin, die sich auf einer Decke niedergelassen hatte, die am Ausgangsort der Jagd zurückgelassen worden war. Nur Senior fehlte. Nach einer langen und ergebnislosen Suche, und nachdem Herr Goyat erfahren hatte, daß ein Fernfahrer nur das Halsband von Senior gefunden hatte, kehrte er traurig in die Pariser Region zurück, in der Überzeugung, daß der Hund gestohlen worden war. 48 Stunden nach seiner Rückkehr erhielt er einen telefonischen Anruf, in dem ihm mitgeteilt wurde, Senior sei auf der Straße gesehen worden, auf der Herr Goyat bei seiner Rückkehr gefahren war. Er fuhr ihm sogleich entgegen und fand ihn tatsächlich auf dieser Straße. Senior war in schlechter Verfassung und hatte eine gebrochene Pfote. Seinem Meister und der Meute blieb er jedoch treu und er verließ sich auf seinen Geruchssinn und auf sein Gedächtnis, um sie wiederzufinden.

Berner Laufhund

Wie man es bei Cerise de la Suze, von Armin Gerber, sieht, formt das harte und dichte Haar dieser Rasse ein dreifarbiges Haarkleid (weiß, schwarz, lohfarben) mit weißer Grundfarbe.

Während der Jagdsaison in den Bergen schlafen Herr Gerber und seine Berner Laufhunde alle zusammen auf einem Strohlager. Cerise legt sich dann zu Füßen ihres Meisters und bewacht seinen Schlaf.

Jura-Laufhund

Typ St. Hubertus
Mit Fripon du Val des Feuillants als Führer zeigt die sehr homogene Meute von Michel Aigret die Charakteristiken dieses Schlags: einen mächtigen und schweren Kopf mit sehr stark entwickelten Lefzen, eine faltenreiche Stirne und die gefalteten, abgerundeten Ohren des St. Hubertushundes, einen breiten und kraftvollen Hals, einen langen und breiten Rücken, eine spitz endende Rute, starkknochige Läufe. Das Haar ist kurz und glatt und die Farben sind dieselben wie beim Bruno.

Jura-Laufhund

Typ Bruno
Die Meute von Jean-Claude Henry
und Alain Chopin, aus der Chi-
quita des Aquilons du Cholet herausragt, zeigt das Haarkleid dieses Schlags: das sehr dichte,
braungelbe oder braunrote Haar
mit schwarzem Sattel.

Schwyzer Laufhund

Bei dieser Rasse ist die Grundfarbe Weiss mit unregelmäßig verteilten größeren oder kleineren gelbroten oder tiefroten Platten.

Fünf mittelgroße - darunter Ecume des Sources de Kervelen, die sich auf seine Schulter stützt - und ein kleiner Schwyzer Laufhund, Filou du Val de Durance (vor ihm), liegen neben Jean-Michel Caponi. Dieser wird sich immer an das Abenteuer erinnern, das er mit Wolga, einer seiner kleinen Schwyzer Laufhündinnen, die er oft auf Berufsreisen mit sich nahm, erlebte. Wolga hatte eine sehr feine Nase und nützte jedes Anhalten des Wagens aus, um eventuelle Hasen aufzustöbern. In den Alpen der Haute-Provence sah sie Herr Caponi eines Tages traurig und beschämt zurückkommen. Er untersuchte sie sorgfältig und entdeckte zwei Bißspuren einer Viper. Herr Caponi rechnete aus, daß in Anbetracht ihres Gewichts er weniger als eine Stunde zur Verfügung hatte, um einen Tierarzt zu erreichen und sie zu retten. Er fuhr mit äußerster Geschwindigkeit zur nächstgelegenen Ortschaft, die er nach einer Dreiviertelstunde erreichte. Die Straßen waren jedoch verstopft, und Herr Caponi nahm Wolga in seine Arme und rannte zu Fuß zur Tierarztpraxis am anderen Ende der Ortschaft. Nach einem zehnminütigen Dauerlauf hatte er nur noch die Kraft, die bereits bewußtlose Hündin auf den Behandlungstisch zu legen und dem Tierarzt "Viper, Viper..." zu flüstern. Wolga öffnete die Augen eine halbe Stunde nach der Behandlung, und Herr Caponi wird nie mehr den noch leicht trüben Blick vergessen, den sie ihm zuwarf, während sie schwach mit ihrem Schwanz wedelte.

Vorstehhunde

Im Mittelalter hatten ihre Vorfahren die Aufgabe, Vogelschwärme aufzuspüren und sich niederzulegen, nachdem sie sie lokalisiert hatten. Die Jäger, die so vom Standort der Vögel informiert waren, konnten sie mit Netzen einfangen, die sie über die Hunde hinweg auswarfen. Aus diesem Grunde nannte man die Vorstehhunde damals auch "Abliegehunde".

Die Aufgabe des "chien d'oysel" - so wurden diese Hunde damals in Frankreich genannt - wurde zuerst von kurzhaarigen Hunden, den "Brachets" ausgeübt. Später verwendete man dazu halblanghaarige Hunde, die dazu abgerichtet wurden, sich flach auf den Boden zu drücken ("s'espaigner"), wenn sie die Vögel entdeckt hatten. Wie man im Jagdbuch nachlesen kann, das Gaston Phébus im 14. Jahrhundert geschrieben hat, stammt der Name Spaniel von dem Wort "espaigner".

Danach wurden solche Hunde von Bogen- und später von Gewehrschützen eingesetzt, um das Wild aufzuspüren. Zum Schluss richtete man sie dazu ab, vorzustehen, d.h. verstecktes Wild durch das Heben eines Vorderlaufs anzuzeigen und dabei zur Statue zu erstarren. Die Richtung des Fangs zeigte dabei den Standort des Wildes an.

Die 7. Gruppe weist zwei Abteilungen auf:
In der ersten befinden sich die kontinentalen Vorstehhunde, die je nach ihrem Haartyp in drei Untergruppen eingeteilt werden: Typ "Braque", mit kurzem Haar, Typ "Spaniel", mit langem oder halblangem, seidigem Haar, Typ "Griffon" mit langem oder halblangem, hartem und struppigem Haar.

In der zweiten Abteilung findet man die aus den Britischen Inseln stammenden Vorstehhunde: kurzhaarige Pointer und halblanghaarige Setter. Sie sind jünger als die kontinentalen Rassen und sind aus Kreuzungen von aus dem Kontinent importierten und einheimischen Hunden entstanden. Die ersten Importe fanden im 16. Jahrhundert statt.

**Bracco Italiano,
Italienische Bracke**

Dea di Cascina Merigo, von William Courrance, gehört zu einer der ältesten, wenn nicht gar ältesten, mediterranen Brackenrassen, einer Rasse, die während der Renaissance von zahlreichen Gutsherren geschätzt wurde. Im 20. Jahrhundert entwickelte sich die italienische Bracke zu einem schwereren Hund als sie es ursprünglich war, was ihr einen schlechten Ruf einbrachte. Durch eine sehr strenge Zuchtauswahl konnte die Lage korrigiert werden. Seit vierzig Jahren setzen die Züchter nur die schnellsten Tiere zur Zucht ein; dank ihren Bemühungen jagt die italienische Bracke jetzt im gestreckten Trab, der manchmal durch einen kurzen Galopp abgelöst wird. Sie ist widerstandsfähig und ausdauernd und kann in jedem Gelände und für alle Jagdzwecke, d.h. sowohl für Haar- wie für Federwild, eingesetzt werden.

Sie ist groß - 67 cm und 40 kg -, hat einen kräftigen Hals mit leichter Wamme und gut bemuskelte Gliedmaßen, die ihr ein kraftvolles Aussehen verleihen. Ihre Rute ist kupiert, ihr kurzes, dickes und glänzendes Haar ist reinweiß oder weiß mit mehr oder weniger großen, orange- bzw. bernsteinfarbenen Flecken, oder weiß mit blaßen orangefarbenen oder braunen Tupfen.

Deutsch-Drahthaar

*Drahthaariger Deutscher
Vorstehhund*
Er wurde anfangs des 20. Jahrhunderts von deutschen Züchtern geschaffen, die der Vorherrschaft der britischen Vorstehhunde ein Ende setzen wollten. Zu diesem Zweck kreuzten sie Pudelpointer, Stichelhaar, Airedale und deutsche Bracke. Aus diesem Cocktail entstand der Deutsch-Drahthaar, ein deutscher drahthaariger Vorstehhund, kurz vor dem Ersten Weltkrieg. Er ist durchschnittlich 65 cm hoch und hat sehr hartes, drahtiges, mittellanges und gut anliegendes Haar, das ihm einen perfekten Schutz verleiht. Seine guten Proportionen (die Länge und die Höhe des Körpers sind praktisch gleich) lassen ihn sehr vornehm aussehen. Er hat ein unauffälliges, mittel- bis

dunkelbraunes Haarkleid; manchmal ist es Braunschimmel oder Schwarzschimmel, niemals aber weiß. Er hat dunkle und klare, etwas tiefliegende Augen mit dicht anliegenden Lidern. Die etwas beschützerische Haltung von Cyrus des Marais de Courmont seiner Meisterin, Frau Lainé, gegenüber, und die energische und stolze Kopfhaltung unterstreichen zwei Wesenszüge des Deutsch-Drahthaars: Treue und Vitalität.

Weimaraner

Die Kynologen sind sich über seine Herkunft nicht einig: für die einen stammt er von einem französischen grauen Hund aus dem Mittelalter, von denen der König Ludwig XV., "Saint Louis", eine Meute besaß. Als die Franzosen auf eine Weiterzucht dieser Rasse verzichteten, soll sie von den Herzögen von Sachsen-Weimar übernommen worden sein. Für die anderen soll der Weimaraner von den Herzögen von Sachsen-Weimar aus Kreuzungen verschiedener deutscher Bracken und anderer Rassen entstanden sein. Alle sind damit einverstanden, daß es wirklich die Herzöge von Sachsen-Weimar waren, die die wunderbare Färbung seines Haarkleids fixiert haben.
Mit seinem mittellangen Kopf, den ziemlich breiten Ohren, der weiten

Brust, dem etwas langen, soliden und muskulösen Rücken sieht diese Bracke, deren Schulterhöhe zwischen 59 und 70 cm variiert, gleichzeitig harmonisch und robust aus. Dieser gute Vorstehhund ist auch ein ausgezeichneter Apportierhund.
Es gibt ihn in zwei Schlägen: Barthélemy, Daphné du Dolmen de la Noeveillard und ihre Tochter Gertrude, die von Catherine Büel-Gromaire gezeigt werden, gehören zum kurzhaarigen Schlag, der feines oder derbes, gelegentlich auch stockhaariges Haar hat.
Der langhaarige Schlag ist selten; bei ihm ist das Haar lang, fein und seidig (nächste Doppelseite).

Langhaariger Weimaraner

Ehla des yeux ambrés au Panache d'Argent, und Ekkla, von Bruno Fasoli, haben 3-5 cm langes, weiches Deckhaar. Dieser Schlag zeichnet sich auch durch eine sehr leicht gekürzte Rute aus.

Braque du Bourbonnais, Bourbonnaiser Bracke

Dank einer gemeinsamen Aktion der Züchter dieser Rasse ist ein Stück französischen Kulturguts vor dem Aussterben gerettet worden. Diese regionale, bedrohte Rasse wurde durch eine Zuchtauslese anhand alter kontinentaler Bracken gerettet.

Die Wiederherstellung der beiden Originalfarben der Bourbonnaiser Bracke hat den Züchtern große Sorgen bereitet. Ihr Haarkleid aus dichtem, kurzem, ein wenig fettigem und stumpfem Haar kann "pfirsichblütenfarben" (leicht falbfarbene Tönung mit undeutlich begrenzten Sprenkeln) wie bei Elbrouk de la Bénigousse sein, oder "lie de vin" (hellkastanienbraun mit weißen, gesprenkelten Flecken) wie bei Extra du Pontel de Maïcou, Folie de la Bénigousse und Gentiane du Pontel de Maïcou, alle vier im Besitze von Patrice Mallet.

Diese Bracke hat eine Schulterhöhe von 55 cm und eine leicht gekrümmte Rückenlinie. Sie ist normalerweise von Geburt auf schwanzlos, aber es gibt auch Hunde mit sehr kurzer Rute.

Dieser leichte Hund arbeitet methodisch und jagt meist im Galopp. Er ist ein ausgezeichneter Wasser- und Hühnerhund, der u.a. auf Moorschnepfen spezialisiert ist.

Deutsch-Kurzhaar

Er stammt von Bracken aus dem Mittelmeerraum sowie einheimischen deutschen Hunden ab. Die Züchter fanden ihn etwas schwerfällig und haben, zu Beginn des 20. Jahrhunderts, den Doberman eingekreuzt.

Alto und seine Söhne Drilling und Delta, alle drei aus dem Zwinger Clos de la Luenaz, stehen aufmerksam und aktionsbereit zu Füßen von Maly Taravel. Es sind drei kraftvolle und elegante Athleten, deren Körperbau Energie, Ausdauer und Schnelligkeit verspricht.

Der Deutsch-Kurzhaar hat eine Schulterhöhe von cirka 64 cm. Sein Haar ist kurz und dicht, derb und hart, straff anliegend. Er ist braun ohne Abzeichen, oder braun mit geringen weißen und gesprenkelten Abzeichen an Brust und Läufen, oder ein dunkler Braunschimmel oder heller Braunschimmel mit braunem Kopf und braunen Platten oder Tupfen, oder weiß mit brauner Kopfzeichnung und braunen Platten oder Tupfen, oder schwarz mit den gleichen Nuancen wie die Braunen. Seine Augen und sein Nasenspiegel sind braun. Er hat hoch und breit angesetzte, mäßig lange, glatt anliegende, unten stumpf abgerundete und etwas nach vorn gelegte Ohren. Er jagt Federwild sowohl in der Ebene wie im Wald oder im Moor.

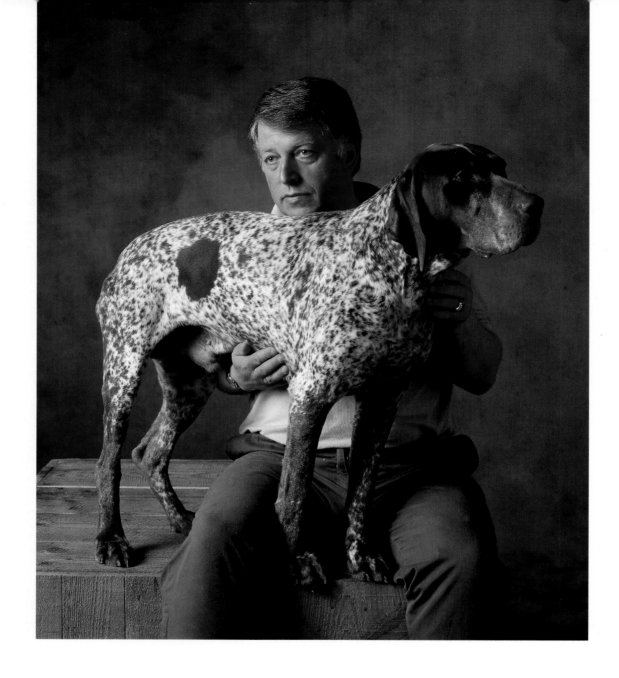

Braque Français, Französische Bracke

Die Französische Bracke stammt von den mittelalterlichen "chiens d'oysel", den Urahnen der Vorstehhunde. Sie kommt in zwei Schlägen vor, die alle beide stundenlang bei guter Geschwindigkeit und in jeglichem Gelände Wachteln, Rebhühner, Fasane oder Hasen jagen können.

Typ Gascogne

Mit seiner Schulterhöhe von 58 bis 69 cm ist er der größere der beiden Schläge. Er hat einen ziemlich großen, aber nicht schwerfälligen Kopf, mittellange, abgerundete und an ihrem unteren Teil gefaltete Ohren. Sein Hals ist von guter Länge, der Rücken ist gerade, die Rute kupiert. Er hat grobes und dichtes Haar. Seine Farben sind weiß und oft kastanienbraun gespren-

kelt, mit oder ohne größere Flecken, manchmal forellenfarbig. Anky des Messugues Fleuries ist ein außerordentlicher Feinschmecker. Es ist ihm verboten, in die Küche zu gehen, denn er könnte dort trotz der natürlichen Zurückhaltung der französischen Bracken Unordnung stiften. Wenn es aber verführerisch riecht, muß ihn Jean-Pirre Pollart zurückhalten, sonst würde er sich trotz Verbots in die Küche stürzen.

Typ Pyrénées

Buck du Clos Michaud, von Jean-Pierre Coeurdroy, zeigt, daß der Typ Pyrénées dieselben Charakteristiken aufweist wie der Typ Gascogne. Außer der geringeren Größe - er mißt 11 cm weniger - unterscheidet er sich vor allem durch weniger hängende Lefzen, kaum gefaltete Ohren, feinere und kürzere Haare und eine schlankere Rute.

Kurzhaarige Ungarische Bracke

Erdélyi Kopo

Die Ungaren behaupten, daß ihre nationale Bracke von einem primitiven ungarischen Laufhund, dem Hund aus Pannonien und dem gelben Hund der Türken abstammt. Später wurden verschiedene Jagdhunde eingekreuzt, und die Rasse wurde Ende des 19. Jahrhunderts fixiert. Die Ungarische Bracke hat eine durchschnittliche Größe von 61 cm. Sie sieht elegant aus, hat kurzes, rehbraunes Haar. Sie hat einen trockenen Kopf, mittellange, V-förmige Ohren, einen kurzen und geraden Rücken und eine normalerweise um ein Viertel kupierte Rute. Sie ist ruhig, hat ein ausgezeichnetes Witterungsvermögen, ist ausdauernd, vielfältig einsetzbar, und ihr Vorstehen ist spekta-

kulär. Wenn sie nicht jagt, ist sie anhänglich wie Apache de la Bétoule und seine Tochter Etna. Herr Rochereuil glaubte, vor Scham fast zu sterben, als er Apache zur Selektion für die Weltmeisterschaft auf geschossenem Wild vorstellte: bei der Prüfung der Wasserarbeit mit einer Ente stürzte sich Apache ins Wasser, schwamm in Richtung der Ente und umkreiste sie, ohne sie zu fassen. Erst dann kam es Herr Rochereuil in den Sinn, daß er dem Hund nie eine Ente gezeigt hatte…!

Braque de l'Ariège

Die Ariège-Bracke stammt von der Kreuzung der französischen Bracke und der Saint-Germain-Bracke. Diese alte Rasse aus dem Südwesten Frankreichs war nach dem Zweiten Weltkrieg vom Aussterben bedroht. Zum Glück beschlossen mehrere Züchter, sie anhand einiger guter Exemplare wieder aufzubauen.

Alain Deteix, der vom französischen Office de la chasse im Einverständnis mit der Société centrale canine dazu bestimmt wurde, den Wiederaufbau dieser Rasse zu koordinieren, ist fest entschlossen, diese Aufgabe zu meistern und dadurch ein Stück französischen Kulturguts zu retten. Gouar de la Vallée de la Justale scheint sich darob zu freuen.

Die Ariège-Bracke hat eine Schul-

terhöhe von rund 65 cm. Ihr solider Körperbau, ihre breite und tiefe Brust, ihr leicht gewölbter Rücken und ihr weißes Haarkleid mit orangefarbenen oder kastanienbraunen Flecken verleihen ihr ein besonderes Gepräge. Sie ist auf Hase und Rebhuhn spezialisiert.

Drahthaarige Ungarische Bracke

Ungarische Jäger wünschten sich einen Hund, der besonders gut im Gestrüpp und im Sumpf arbeiten sollte, und im Jahre 1930 paarten sie kurzhaarige ungarische Brakken mit dem Drahthaar.

Daraus entstand die drahthaarige ungarische Bracke, die etwas größer und kraftvoller ist als der kurzhaarige Schlag. César du Domaine Saint-Hubert, von Jean-Pierre Martin, erlaubt uns, festzustellen, daß der etwas eckige und bärtige Kopf des drahthaarigen Schlags sich von dem des kurzhaarigen Schlags unterscheidet.

Durch sein rauhes und dichtes Haar ist er gut geschützt und kann im Gestrüpp und in den Sümpfen besser als sein kurzhaariger Halbbruder arbeiten, aber in anderem

Gelände er ist weniger schnell und fühlt sich weniger wohl als dieser.

Braque d'Auvergne

Die Auvergne-Bracke stammt aus
einer jahrhundertelangen Selektion
der alten französischen Bracke und
zweifellos dem Blauen Gascogner;
die Rasse ist seit dem Ende des
17. Jahrhunderts fixiert.
Die Auvergne-Bracke ist ein kraftvoller, grobknochiger, jedoch an-
mutiger und ziemlich leichtfüßiger
Hund. Ihre Schulterhöhe beträgt
maximal 63 cm, ihr rustikales Aussehen wird zum Teil durch die Eleganz des Haarkleids wettgemacht.
Das Haar ist kurz und glänzend,
weder sehr hart noch sehr fein.
Beim hellen Fell ist der Untergrund
weiß, mit oder ohne schwarze Platten von verschiedener Zahl und
Größe sowie mit zahlreichen gesprenkelten Flecken (forellenartige
Sprenkelung); beim dunklen Fell,
dem sogenannten verkohlten Fell
(robe charbonnée) sind es mehr
schwarze Haare als weiße, was
einen aschgrauen Farbton ergibt.
Die Rute wird ziemlich stark
gekürzt.
Colt de la Font des Passadours und
Jean Lassandre drücken durch ihr
verträumtes Aussehen ihre Sehn-
sucht nach den felsigen und zer-
klüfteten Gegenden der Auvergne
aus, wo die roten Rebhühner - das
Lieblingswild dieser Rasse - in
großer Zahl vorkommen.

Spinone Italiano

Seine genaue Herkunft ist noch nicht geklärt. Er ist groß - 70 cm -, solid, rustikal und kräftig. Wie man es bei Happineß Fanny sieht, die neben ihrem Meister Hugues Perronny abgebildet ist, ist der Kopf des Spinone bärtig und schnauzig. Seine mittelgroßen Ohren haben die Form eines verlängerten Dreiecks, sein Hals ist kräftig und muskulös, sein Haar ist hart, dick, anliegend, etwas kraus und kann reinweiß, weiß mit orangefarbenen oder kastanienbraunen Flecken, auch ebenso getupft (Braunschimmel) sein.
Er jagt in jedem Gelände und sein Haarkleid schützt ihn im Gestrüpp und auch in Sumpfgebieten, wo er auch sehr kaltes Wasser

nicht scheut. Er jagt mit einem raumgreifenden und schnellen Trab, der manchmal von Galopp abgelöst wird. Er gilt als Allzweckjäger.

Portugiesischer Hühnerhund

Perdigueiro Portugués
Er stammt von einer alten Bracke aus dem Mittelmeerraum. Im Verlaufe der Jahrhunderte hat sich die Rasse stark verändert. Außerhalb Portugals ist sie noch wenig bekannt und Taro do Odelouca, von Herrn Rochereuil und Frau Marquet, ist einer der beiden ersten Vertreter dieser Rasse in Frankreich.
Der Portugiesische Hühnerhund hat eine Schulterhöhe von 56 cm, ein Gewicht von 27 kg und besitzt einen Körperbau, der ihm eine große Geschmeidigkeit der Bewegungen erlaubt. Er hat einen etwas großen, von loser Haut bedeckten Kopf und mittellange, abgerundete Ohren. Der Hals ist länglich, der Rücken kurz und die Kruppe leicht abfallend. Er hat kurzes, dichtes und ziemlich rauhes Haar ohne

Unterwolle und ist kastanienbraun, gelb, einfarbig oder gefleckt.
Er ist widerstandsfähig, dynamisch und ausdauernd, hat einen ausholenden, leichten und schön rhythmischen Trab.

Burgos-Hühnerhund

Perdiguero de Burgos
Es handelt sich um eine der ältesten Brackenrassen, aber ihre genaue Herkunft ist unbekannt.
Ton, von Pascal Moreira, zeigt die beachtliche Größe des Burgos-Hühnerhundes, der eine durchschnittliche Schulterhöhe von 65 cm hat. Er erweckt den Eindruck von großer Kraft und Stabilität.
Der Burgos-Hühnerhund hat einen breiten und kräftigen Kopf und lange Hängeohren. Der Blick seiner haselnußbraunen Augen ist sanft und leicht melancholisch. Er hat kurzes und glattes, dichtes Haar, und sein Fell hat leberfarbene Sprenkel und Flecken auf weißem Grund oder ist dunkelleberfarben mit weißen Flecken. Seine Rute wird um einen Drittel bis zur Hälfte ihrer Länge gekürzt. Er ist

sowohl für Feder- wie für Haarwild einsetzbar, aber er bevorzugt das Rebhuhn. Bei der Arbeit legt er einen gleitenden, mächtigen und kräftesparenden Trab ein.

Saint-Germain-Bracke

Diese Bracke geht auf eine im 19. Jahrhundert mit einem Brackenrüden gekreuzte Pointer-Hündin zurück. Napoleon III. und mehrere seiner Höflinge besaßen eine Saint-Germain-Bracke, aber ihre Beliebtheit ging später stark zurück. Doch diese elegante und gut proportionierte Rasse verdient es, wieder besser bekannt zu werden.
Dick du Bois d'Heilly, von Stanislas d'Argentre, hat die großen, goldgelben Augen, die der Saint-Germain-Bracke ihren freimütigen und sanften Blick verleihen. Er drückt seine gute Laune dadurch aus, daß er sich auf jeden Gegenstand stürzt, den er apportieren kann: Spielzeug, Holzstück oder Stein.
Die Saint-Germain-Bracke hat kürzere Ohren als die alte französische Bracke, aber längere als der

Pointer. Sie hat einen ziemlich langen Hals, eine breite Brust und einen kurzen und geraden Rücken. Ihr Haar ist kurz, nicht zu fein, wenn auch keinesfalls hart, mattweiß mit orangefarbenen Abzeichen am Kopf und Flecken am Körper.

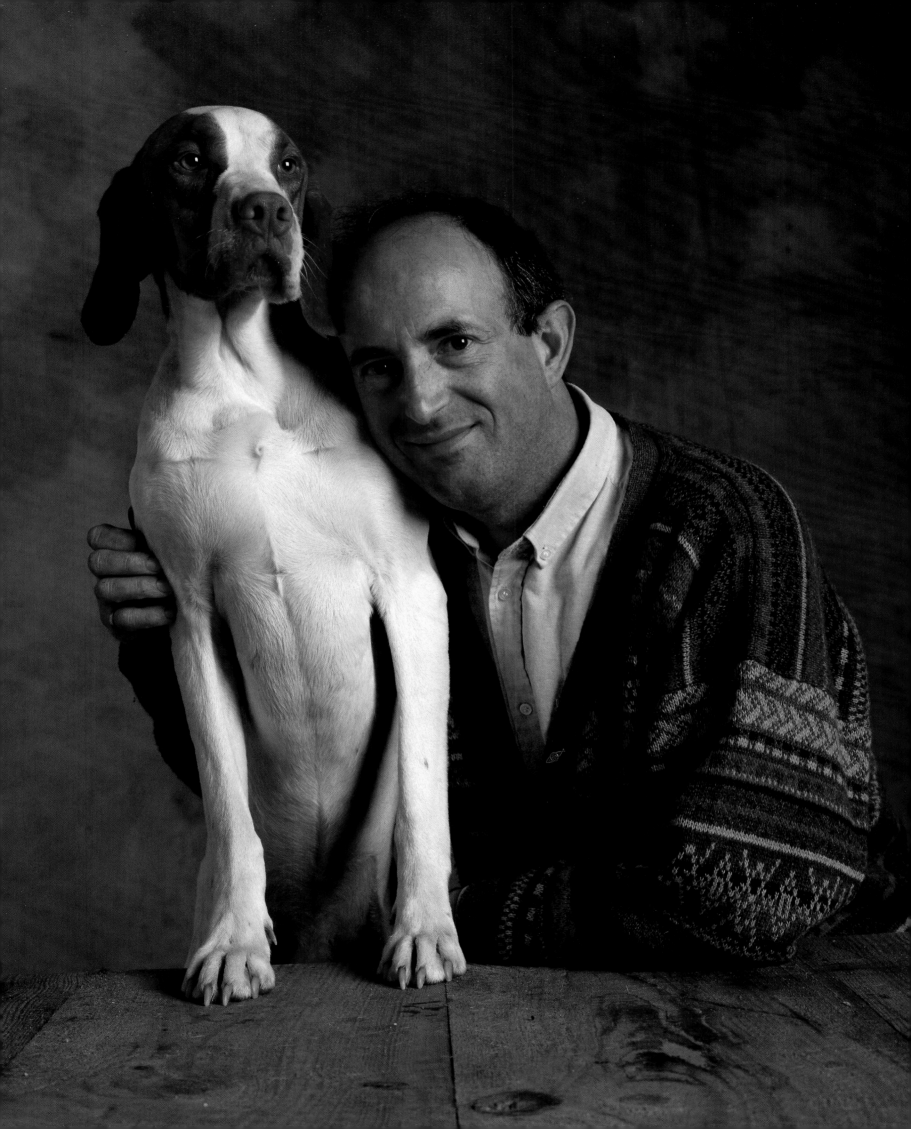

Epagneul Bleu de Picardie

Er verdankt sein Aussehen der Kreuzung eines Epagneuls Picard und eines Gordon Setters und wurde in der Zeit zwischen den beiden Weltkriegen offiziell als eigenständige Rasse anerkannt. Attila de la Vallée de l'Ysieux, von Lucien Bernard, ist ein hervorragender Vertreter dieser Rasse.

Der Blaue Pikarde ist ein ziemlich niederläufiger Hund, der dem Epagneul Picard sehr ähnlich gebaut ist, aber sein wunderbares Haarkleid aus langem, gewelltem Haar, das einen bläulichen Schimmer und schwarze Flecken aufweist, verleiht ihm eine weniger rustikale Gestalt als die des Epagneul Picards. Er ist größer als 60 cm und hat einen schönen Kopf mit ziemlich dicken, schön befransten Ohren; sein Rücken ist nicht sehr lang, seine Läufe sind dicht befranst. Er ist ausdauernd, sehr ruhig und vielseitig. Sein sehr feines Witterungsvermögen macht ihn für die Wachteljagd besonders geeignet.

Epagneul Breton

Zu seinen Ahnen zählt ein kleiner Landhund, der im 12. Jahrhundert in der Bretagne lebte und dessen Nachkommen im 19. Jahrhundert von den Wachteljägern des Argoat zur Jagd verwendet wurden. Diese Hunde wurden mit britischen Vorstehhunden gepaart und brachten den gegenwärtigen Epagneul Breton hervor, dessen sehr gute allgemeine Fähigkeiten und Wesensfestigkeit gerühmt werden. Dieser kleine Spaniel, der vor den Großen keine Angst hat, ist lebhaft, intelligent, dynamisch, stets aufmerksam: Flicka de Saint-Tugen und Caouette de Saint-Tugen sind bereit, aufzuspringen, sobald es ihnen Maurice Marchand erlaubt. Er ist höchstens 51 cm groß, hat einen abgerundeten Kopf, hochgezogene Lefzen und eher kurze, befranste Ohren. Er ist kompakt und untersetzt, hat einen geraden Rücken und ziemlich abgerundete Formen. Er ist oft von Geburt auf schwanzlos, manchmal hat er aber eine Stummelrute. Er hat glattes oder leicht gewelltes Haar und ein weiß und orangefarbenes, weiß und kastanienbraunes, weiß und schwarzes oder dreifarbiges Haarkleid. Er ist der meistverbreitete der französischen Vorstehhunde, hat einen ausgezeichneten Geruchssinn, ist unermüdlich, erträgt alle klimatischen Bedingungen, kann in jedem Gelände arbeiten und ist vielseitig verwendbar. Wegen seiner geringen Größe fühlt er sich überall wohl.

Münsterländer

Weiß Cook du clos des Hortioux, der über Géraldine Roos "thront", daß zu den Ahnen seiner Rasse alte deutsche Stöberhunde gehörten, obwohl die Rasse erst zwischen den beiden Weltkriegen offiziell anerkannt wurde? Der Münsterländer wird in zwei Schlägen gezüchtet, die beide einen langgestreckten Kopf, eine tiefe Brust und einen geraden Rücken haben. Er fühlt sich in jedem Gelände und mit jedem Wild wohl und zeichnet sich durch eine sehr methodische Sucharbeit aus.
Der Große Münsterländer hat eine Schulterhöhe von 56 bis 58 cm, der Kleine Münsterländer eine solche von 50 bis 56 cm. Der Große ist weiß mit schwarzen oder lohfarbenen Abzeichen, während der Kleine weiß mit braunen oder braun-lohfarbenen Abzeichen ist.

Deutsch-Langhaar

Langhaariger
Deutscher Vorstehhund
Diese Rasse ist mehrere Jahrhunderte alt, aber die deutschen Jäger haben sie zu Beginn des 20. Jahrhunderts zugunsten der Deutschen Bracke und des Deutsch-Drahthaars vernachlässigt. In Deutschland hat sie mittlerweile wieder an Beliebtheit gewonnen, aber in Frankreich ist sie noch wenig bekannt.
Capone du Buisson de Choisel geht oft mit Alfred Vallet im Tal der Chevreuse auf die Jagd, in einem Gelände, wo früher die königlichen Jagden stattfanden. Er zeigt, daß der Deutsch-Langhaar ein großer Hund ist - er mißt ca. 66 cm -, mit einem robusten und muskulösen Körper. Er hat einen langgestreckten Kopf, einen geraden und kurzen Rücken, langes, flaches Haar und gut befederte Läufe. Sein Haarkleid ist meist einfarbig kastanienbraun.

Epagneul Picard

Echo de la Vallée Broutin wartet ruhig aber etwas melancholisch die Rückkehr seines Meisters Pascal Lempereur ab, denn er möchte baldmöglichst mit ihm wieder auf die Hasenjagd in der Ebene oder auf die Entenjagd im Sumpfgebiet gehen. Der Epagneul Picard ist nämlich sehr vielseitig und er kann in jedem Gelände eingesetzt werden. Er ist ausdauernd und durchstöbert das Gelände mit viel Methodik; kein Flecken Erde entgeht seiner Aufmerksamkeit.
Er ist 60 cm hoch und sieht vierschrötig aus. Er hat einen ernsten Ausdruck, ziemlich tief angesetzte Ohren und einen Rücken von mittlerer Länge. Die Läufe sind befranst und die befederte Rute hat zwei ent-

gegengesetzte Verkrümmungen. Sein grobes und nicht sehr seidiges Haar ist am Körper leicht gewellt. Sein graugetüpfeltes Haarkleid mit braunen Flecken auf verschiedenen Körperteilen und am Schwanzansatz verleihen ihm ein äußerst vornehmes Aussehen.

Epagneul de Pont-Audemer

Drakkar de la Verderie du Quesney, der brav neben André Joulot sitzt, verdankt seine perfekte Haltung den vereinten Bemühungen einiger Züchter der Normandie. Diese alte französische Rasse, die von der Kreuzung des Epagneuls français und des irischen Wasserspaniels abstammt, war tatsächlich fast ausgestorben; jetzt ist sie fast gerettet.
Dieser Spaniel ist mittelgroß, untersetzt und kraftvoll. Auf seinem trockenen, mittelgroßen Kopf trägt er einen charakteristischen, krausen Schopf. Die Ohren sind flach, lang und mit Kraushaar bedeckt; zusammen mit dem Schopf formt dieses Haar eine schöne, krause Perücke. Die Rute wird kupiert, das krause oder rauhe, weder harte noch feine Haar gibt dem Hund ein

pudelartiges Aussehen. Erwünscht sind einfarbige Rotgrauschimmel, aber Abzeichen an Rumpf und Kopf sind zulässig.
Bei der Wasserarbeit (Entenjagd) ist er vortrefflich, aber dank seiner Energie und seines Durchhaltevermögens kann er sich auch auf weitere Wildarten spezialisieren; allerdings ist seine Nase weniger gut entwickelt.

Epagneul Français

Obwohl er zu seinen Ahnen die "chiens d'oysel" des Mittelalters zählt, ist seine genaue Abstammung ungewiß. Es ist jedoch fast sicher, daß er selber der Ausgangspunkt verschiedener anderer Rassen war.

Er ist sanft und freundlich und seinen Meistern bedingungslos ergeben. Dies erklärt, warum es Dervin so eilig hat, zu Herrn Manceau de Laffitte zu kommen: auch er möchte wie Titien gestreichelt werden.

Er hat eine harmonische Gestalt, ist mittelgroß und hat eine stolze Kopfhaltung. Der Kopf ist gut geschnitten und hat dunkle bernsteinfarbene Augen mit intelligentem Ausdruck. Sein Haar ist flach, seidig und schön dicht. Das Haarkleid ist weiß und kastanienfarben mit unregelmäßigen Flecken. Er jagt jegliches Feder- und Haarwild, und zwar sowohl im Gehölz wie im Sumpfgebiet.

Korthals-Griffon

Seine Vorfahren wurden seit dem Altertum zur Jagd verwendet. Der Stammtyp des heutigen Griffons wurde von einem Holländer, dem Züchter und Leiter der Gebrauchshunde-Zuchtstätte des Prinzen Solms-Braunfeld, Edward Karel Korthals, aus deutschen, belgischen, holländischen und französischen rauhhaarigen Vorstehhunden herausgezüchtet. Nach seinem Tod verlor sein Heimatland das Interesse an dieser Rasse. Französische Züchter, denen die Fähigkeiten dieses ausgezeichneten Jagdhundes - Vasco, von Herrn Lesiourd, ist einer ihrer hervorragenden Vertreter - imponiert hatten , führten die Zucht weiter. Dank ihren Bemühungen wurde die technische Leitung der Rasse Frankreich übertragen.

Er ist mittelgroß (58 cm), sieht etwas griesgrämig, aber doch sympathisch, aus. Er hat einen großen und langen Kopf mit dichtem, rauhem Bart, deutlichem Schnurrbart und dichten Augenbrauen, die aber die treu blickenden Augen nicht verdecken. Er ist blaugrau oder stahlgrau mit braunen Platten und hat rauhes und harsches Ziegenhaar. Dieses Haarkleid schützt ihn vor Dornen und Kälte, so daß er jegliche Wildarten auf jedem Gelände und bei jedem Wetter jagen kann.

Pointer

Seine Zucht geht auf altspanische Hochwindbracken, d.h. mit hoher Nase suchende Hunde und vielleicht französische Laufhunde zurück, die in England im 18. Jahrhundert gekreuzt wurden. Der Typ des heutigen Pointers wurde im 19. Jahrhundert fixiert.

Er ist harmonisch und gut gebaut und erweckt den Eindruck von Kraft und Geschmeidigkeit. Das Profil von Emeraude des Buveurs d'Air, die stolz vor Herrn Lesiourd steht, zeigt die schlanke und aristokratische Silhouette dieses ausgezeichneten Athleten. Er ist von guter Größe, muskulös aber feingliedrig. Sein Haar ist kurz, fein und weich, glatt anliegend und deutlich glänzend. Das Fell ist von weißer Grundfarbe mit zitronengelben, orange-, lederfarbenen oder schwarzen Platten und Tupfen. Wenn der Pointer jagt, entgeht nichts seiner Aufmerksamkeit, wobei er unermüdlich in schärfster Gangart kreuz und quer über die Felder streift und erhebliche Strecken zurücklegt. Er wird hauptsächlich für Federwild (Schnepfe, Wachtel und Fasan) eingesetzt.

Slowakischer Griffon

Slovensky Hruborsty Ohar
Der genaue Ursprung dieses rauhhaarigen Vorstehhundes, der in seiner Heimat Slowakei einen ausgezeichneten Ruf genießt, ist nicht
bekannt.
Es ist ein großer Hund, der eine
Schulterhöhe von 68 cm erreichen
kann. Er ist von mittlerer Statur, lebhaft und kraftvoll, arbeitet sowohl
im Wald wie im Sumpfgebiet und
ist außerordentlich folgsam. Die
Slowaken verwenden ihn viel als
Schweißhund zur Nachsuche von
verletztem Großwild. Er hat einen
mächtigen Kopf mit kräftigem Fang
und abgerundeten, mittellangen
Hängeohren. Sein Hals ist ohne
Wamme, sein Rücken gerade und
fest, seine Rute von mittlerer Dicke
wird ungefähr zur Hälfte gekürzt
und waagrecht getragen. Die

Haare sind ca. 4 cm lang, einheitlich silbergrau, oder silbrig mit dunklen Abzeichen oder Flecken.
Die 15 Monate alte Bruna Rissa
erstaunt Lucette Geffroy jeden
Abend aufs neue: sobald es ein-
nachtet, klettert Bruna Rissa auf eine
der Tannen im Garten, um Vögel zu
fangen.

Gordon Setter

Die Rasse wurde Ende des 18. Jahrhunderts vom Herzog von Richmond und Gordon gezüchtet. Der Gordon Setter ist ein Athlet, dessen Körperbau dem eines Rennpferds ähnelt. Er hat einen starken, aber fein ziselierten Kopf. Seine Ohren verstärken den aristokratischen, lebhaften und intelligenten Ausdruck seines Blicks. Er hat tiefschwarzes Fell mit mahagoniroten Abzeichen am Fang, über den Augen und an den Laufinnenseiten. Sein weiches, glänzendes Haar von mittlerer Länge ist glänzend, möglichst gerade oder nur leicht gewellt auf dem Körper, fein und kurz am Kopf. Ohren, Bauch und Läufe sind befedert.

Er ist ein schneller und ausdauernder Hund, der seine Kräfte intelligent dosiert. Er zeichnet sich bei entsprechender Abrichtung durch Vielseitigkeit in der Feld- und Wasserarbeit aus; hervorragend bewährt sich seine Nase aber vor allem beim Suchen von Federwild und insbesondere der Schnepfe im Feldrevier.

Banco, der von Elsie Mate Hannsfield und Fee Black du Val de Chauffour bewundert wird, ist nicht nur der unbestrittene Meutechef von Jean-Dominique Dvoraks acht Gordon Setters, sondern auch ein bemerkenswerter Jagdhund. Er hat sein Talent sehr frühzeitig gezeigt: als er im Alter von drei Monaten einen kleinen Spaziergang in der Nähe des Hauses unternehmen durfte, fing er am Wegrand eine Schnepfe und brachte sie seinem erstaunten, aber sehr stolzen Meister zurück.

233

Irish Setter

Er ist der älteste der britischen Setter. Sein genauer Ursprung liegt noch etwas im Dunkeln, aber man nimmt normalerweise an, daß er von einer kontinentalen Bracke abstammt, wahrscheinlich aus dem Mittelmeerraum. Vent d'ouest du Hobereau du Clos des Pins, von Frau Pittalis, hat die edle Erscheinung und den freundlichen Ausdruck, der den Irish Setter auszeichnet. Diese Rasse ist sehr sportlich, intelligent, anpassungsfähig, robust, ausdauernd und beherrscht ihre Aufgabe, die Jagd, in Perfektion. Der Irish Setter zeichnet sich durch Vielseitigkeit in der Feld- und Wasserarbeit aus. Seine Nase ist bemerkenswert, seine Silhouette erweckt den Eindruck von eleganter Kraft, sein Kopf ist schön geformt, seine Augen sind dunkel, sein Nasenschwamm schwarz oder mahagonibraun. Sein Haar ist mittellang, gerade und fein am Bauch, seine Rute und die Vorderläufe sind schön befedert, die Schenkel behost. Er ist ein leidenschaftlicher Hund, der Familie und Jäger begeistert.

English Setter

Der moderne englische Setter verdankt seine Existenz dem englischen Züchter Laverack, der die Rasse in der zweiten Hälfte des 19. Jahrhunderts züchtete. Die ersten englischen Setter kamen Ende des 19. Jahrhunderts nach Frankreich, wo sie sehr schnell berühmt wurden.

Coca de l'Etoile de Moreuil, der neben Olivier Boucher sitzt, zeigt den schönen Körperbau des englischen Setters: er ist kompakt, gut und harmonisch gebaut, von mittlerer Größe. Sein Haarkleid ist fein, mit langen Fransen an den Läufen und an der Rute, weiß und schwarz, weiß und orangefarben, weiß und kastanienbraun, oder dreifarbig.

Er hat eine hervorragende Nase und ist für jeden Jagdzweck einsetzbar, aber am liebsten jagt er die Schnepfe sowie im Gehölz. Bei der Jagd zeichnet er sich durch einen geschmeidigen und rasanten Galopp und spektakuläres Vorstehen aus, und man kann ihm sehr leicht folgen.

Apportier-, Stöber- und Wasserhunde

In dieser Gruppe sind Rassen eingeteilt, die für den Jäger sehr spezialisierte Aufgaben übernehmen, wofür unterschiedliche Fähigkeiten und eine andere Abrichtung verlangt werden als für das korrekte Vorstehen.

In der ersten Abteilung findet man die Rassen, die angeschossenes oder erlegtes Wild aufspüren und zurückbringen müssen, sei es an Land oder im Wasser. Die Vertreter dieser Rassen können nicht nur Kleinwild apportieren (Schnepfe, Rebhuhn), sondern auch größeres Wild (Fasane, große Hasen).

Manche Rassen dieser Jagdhundegruppe haben Fähigkeiten - besonders gut entwickeltes Seh- und Witterungsvermögen, erhöhte Merkfähigkeit, Orientierungssinn, Ausdauer und Mut, sanftes Wesen -, die es ihnen ermöglichen, noch andere als die ihnen ursprünglich bestimmten Aufgaben zu erfüllen. Sie eignen sich daher ganz besonders als Blindenführhunde, als Behindertenhelfer oder als Zollgehilfen und Polizeihunde (Drogen- und Sprengstoffschnüffler).

In der zweiten Abteilung sind die Stöberhunde vereint; es sind Hunde, die das im Dickicht, in den Hecken und im Gestrüpp versteckte Wild aufstöbern sollen. Ursprünglich war dies ihre einzige Aufgabe, aber heute werden die meisten Stöberhunde auch zum Apportieren verwendet.

In der dritten Abteilung sind die auf Wasserarbeit spezialisierten Rassen, die Meer-, Fluß-, Weiher- oder Sumpfvögel jagen, d.h. ein Wild, das allgemein meist als Federwild bezeichnet wird. Das Wassergeflügel enthält die verschiedenen Entenarten und die Wildgänse, die Stelzvögel (u.a. Regenpfeifer, Brachvogel), die Rallen (Wasserralle, Sumpfhuhn, Teichhuhn, Bleßhuhn usw.).

Die Hunde dieser Rassen haben alle eine ausgeprägte Vorliebe für das Wasser und sind gute Schwimmer und Taucher. Das Wasser kann noch so kalt sein, es macht ihnen nichts aus, denn durch ihr doppeltes Haarkleid sind sie bestens geschützt.

Labrador-Retriever

Dance With Me de Saint-Urbain zeigt, wenn er Michel Germain anschaut, einen Ausdruck, der die ausgeprägte Treue des Labrador-Retrievers für seinen Meister ausdrückt. Der Labrador verträgt Einsamkeit schlecht.
Er stammt vom Saint-John-Hund ab, der von englischen Seeleuten Ende des 18. Jahrhunderts aus Neufundland mitgebracht wurde. Die Wesenszüge dieses Hundes haben die englischen Züchter bezaubert, und sie haben während 70 Jahren eine sehr strenge Zuchtauswahl der besten Tiere eingehalten, bis sie die Rasse am Ende des 19. Jahrhunderts fixiert hatten.
Er ist vor allem ein rustikaler und vielseitig verwendbarer Jagdhund mit einem phantastischen Apportiervermögen, vor allem bei der Wasserarbeit. Er ist sehr arbeitsfreudig und apportiert mit einem "sehr sanften Biß" (ohne das Wild zu beschädigen). Er ist mittelgroß, solide, kraftvoll und kompakt gebaut. Sein Haar ist kurz, seine mittellange, sich auffällig verjüngende Rute, wird nie geringelt getragen, sondern in der Verlängerung des Rückens. Sein Haarkleid ist tief schwarz, einfarbig gelb bis rotbraun in allen Tönen.

Glatthaar-Retriever

Flat Coated Retriever
Dieser mittelgroße Hund ist das Produkt einer außerordentlich intensiven Zuchtauswahl, die im 19. Jahrhundert von britischen Züchtern auf Anfrage von Jägern vorgenommen wurde, welche einen englischen Hund wünschten, der auf Apportierarbeit in jedem Gelände spezialisiert sein sollte. Zu diesem Zweck haben sie einen kräftigen und wasserliebenden, nordamerikanischen Hund aus der Gegend des Saint-Laurent-Flusses mit dem irischen Setter gekreuzt.

Er mißt durchschnittlich 60 cm und wiegt ungefähr 35 kg, hat einen langen Kopf mit flachem, breitem Schädel, kleine, nicht zu hoch angesetzte Ohren und starke Kiefer. Sein dichtes, ziemlich feines Glatthaar ist schwarz oder leber-farben, die Rute und die Läufe sind gut befedert. Er ist lebhaft und gescheit, ein instinktiver Jäger mit sehr ausgeprägtem Witterungsvermögen. Er kann in jedem Gelände eingesetzt werden, zeichnet sich aber insbesondere im Sumpfgebiet aus und ist ein ausgezeichneter Schwimmer.

Seine Geduld, sein Gehorsam und sein fröhliches Wesen machen aus Life Spring du Bois de Flandre einen angenehmen Gefährten für Herrn und Frau Demon.

Rhodesian Ridgeback

Er ist der Nachkomme eines rhode-
sischen Hundes, den die Boers mit
aus Europa importierten Doggen
gekreuzt haben. Der große südafri-
kanische Hund wurde dann zur
Großwildjagd (Löwen) eingesetzt,
die er aufspüren und zum Jäger hin-
treiben sollte. Darum nennt man ihn
auch Afrikanischer Löwenhund.
Asimbothanda besitzt auch das
charakteristische "Markenzeichen"
aller Rhodesian Ridgebacks: eine
gratbildende Bürste aus gesträub-
tem Haar entlang der Rückenlinie
("ridgeback").
Er hat eine Schulterhöhe von 68
cm, ist kräftig, bemuskelt, temperamentvoll und ausdauernd. Er ist
auch sehr schnell und hat ein
bemerkenswertes Springvermögen. Asimbothanda hat keinen
Moment gezaudert, die 2,5 m zu

überwinden, um zu Bruno Hachet
auf das Dach zu kommen, wo er
arbeitete.
Er ist zurückhaltend und intelligent
und hat ein ausgezeichnetes Witterungsvermögen - was aus ihm einen
sehr guten Stöberhund macht, aber
auch einen guten Jagdgehilfen für
die Wildschwein- oder Hirschjagd.

Nova Scotia Duck Tolling Retriever

Seine genaue Herkunft ist noch ungeklärt. Er stammt aus Neu-Schottland, einer kanadischen Provinz am Ufer des Atlantischen Ozeans und an der Grenze der Vereinigten Staaten. Er ist auf Entenjagd spezialisiert.

Er ist mittelgroß - höchstens 51 cm und 23 kg - und hat einen kompakten und muskulösen Körper. Er hat einen breiten Schädel, einen schmalen Fang und mittelgroße, dreieckige Hängeohren. In der Bewegung trägt er die Rute über der Rückenhöhe eingerollt. Er hat ein doppeltes, wasserdichtes Haarkleid, in allen Schattierungen zwischen rot und orangefarben. Trotz seines leicht tolpatschigen Aussehens ist er sehr flink. Er setzt seine ganze Energie und Leidenschaft bei der Entenjagd ein. Bei der Sucharbeit ist seine Rute ständig in Bewegung.

Wenn er nicht jagt, ist er fröhlich und unternehmenslustig, wie Ducky Ardunacres mit Frau Léveillé-Nizerolle. Ducky ist der erste Vertreter dieser Rasse, der ins französische Hundestammbuch eingetragen wurde.

Chesapeake Bay Retriever

Seine Abstammung ist umstritten und es kursieren darüber zwei unterschiedliche Meinungen. Für die einen ist er ein Nachkomme eines nordamerikanischen Ur-hunds, dessen Typ sich im Verlaufe der Jahrhunderte verändert hat. Für die anderen ist die Rasse erst im 19. Jahrhundert durch eine Kreu-zung von Neufundländern mit Otterhunden und englischen kraus- und glatthaarigen Retrievern ent-standen; bei den Neu-fundländern soll es sich um Überlebende eines Schiffbruchs handeln, die von den Einwohnern der Chesapeake Bay gerettet worden seien. Sicher ist jedoch daß der Chesapeake Bay Retriever ein außerordentlich guter Schwimmer ist und daß er auch eine feine Nase hat.

Er ist 58 bis 66 cm hoch und unge-fähr 30 kg schwer, hat - wie Chesa-bay Cruiser, genannt Duck, von Jean-Louis Pigal - einen breiten und runden Schädel, kleine Hängeoh-ren, einen stark bemuskelten Hals und große "Hasenpfoten" mit Zwi-schenzehenhäuten. Sein dichtes, kurzes und gerades Haar mit dich-ter, feiner Unterwolle kann alle Farbtöne von dunkel- bis hellbraun aufweisen oder auch gelblich-herbstlaubfarben sein.

Golden Retriever

Seine Herkunft ist umstritten, aber vermutlich ist er Ende des 19. Jahrhunderts von einem englischen Züchter aus Paarungen glatthaariger Retriever mit irischen Wasserspaniels geschaffen worden. Er ist ausgeglichen, sehr wasserfreudig und jagdlich vielseitig einsetzbar. Er ist ruhig und sehr sanft; so lebt Ugo Schildge in perfektem Einvernehmen mit den drei Golden Retrievern seiner Eltern: Uranie, Far West und Derby (oben). Der Golden Retriever ist mittelgroß und harmonisch gebaut. Er hat einen breiten Schädel mit deutlichem Stopp, einen schwarzen Nasenspiegel, mittelgroße Hängeohren und freundlich und sanft blickende Augen. Er hat mittellanges, flach anliegendes, glattes oder leicht gewelltes Deckhaar mit dichter Unterwolle. Seine Vorderhand ist befedert, seine Hinterhand behost; die Rute ist ebenfalls reich behaart und wird in Verlängerung der Rückenlinie getragen. Das Haarkleid des Golden Retrievers kann alle Goldtöne aufweisen oder weizenblond sein, ohne jegliche Spuren von Rot. Unten, Sunbeam Gentle V.H. Heideduin, von Marja Kuyf-Jochemus.

Clumber Spaniel

Seine Ahnen waren englische Spaniels, die wegen ihres schweren Körperbaus ausgewählt wurden. Den Namen erhielt er nach dem Besitz des Herzogs von Newcastle - Clumber, im Nottinghamshire - der mit der Zucht dieser Rasse angefangen hatte.

Sein langer, kräftiger und kurzbeiniger Körperbau verleiht ihm ein schweres und massives Aussehen, das allerdings täuscht, denn er ist sehr aktiv. Er mißt durchschnittlich 48 cm und wiegt ungefähr 34 kg, hat einen quadratischen und wuchtigen Kopf mit breitem, flachem Schädel; seine etwas tiefliegenden und dunkelbernsteinfarbenen Augen haben einen nachdenklichen Ausdruck. Sein Haarkleid ist weiß mit zitronenfarbenen Abzeichen und reiches und dichtes, seidiges, glattes und gerades Haar. Der Clumber Spaniel ist ein ausgezeichneter Stöberhund und, dank seinem ausgeglichenen Wesen, auch ein angenehmer Begleithund. Alain Jacq ist zu recht sehr stolz auf Basile de Floriac, dessen Vater, der bei einem Verkehrsunfall getötet wurde, der erste Zuchtrüde der heutigen Clumber-Spaniel-Zucht in Frankreich war.

Amerikanischer Cocker Spaniel

Er stammt von Spaniels ab, die Ende des letzten Jahrhunderts aus England in Amerika eingeführt wurden. Sie wollten einen kleineren Spaniel mit längeren Haaren.

Eli-France du Clos d'Aldebaran, der Jean Diot gehört, hier aber von Pascale Cauche getragen wird, zeigt den rassetypischen, überaus starken Haarwuchs und den fein ziselierten Schädel mit dem breiten und tiefen Fang, der ihm ein quadratischeres Aussehen verleiht. Das Haar sollte auf dem Kopf kurz und fein sein, am Körper glatt oder gering gewellt (niemals lockig). Behang, Brust und Bauch und die Rückseite der Läufe sollten gut befedert sein; die Rute wird nicht zu kurz kupiert. Das Fell ist einfarbig, schwarz oder jede andere Farbe, oder zweifarbig, mit gut definierter Farbverteilung.

Unter dem anmutigen Aspekt versteckt sich ein wahrhaftiger Athlet, der auch über ein ausgezeichnetes Geruchsvermögen verfügt und der die Jagd liebt. Er ist schnell und ausdauernd, intelligent und stets in Bewegung. Seine Fröhlichkeit und seine Lebenslust machen aus ihm einen wahren Clown, der dank seiner geringen Größe überall hin mitgenommen werden kann.

Susi, die Heldin des Disney-Zeichentrickfilms Susi und Strolch, hat viel zur Popularisierung des amerikanischen Cocker Spaniels beigetragen.

Sussex Spaniel

Ein englischer Jäger aus der Grafschaft Sussex hat diese Rasse zu Beginn des 20. Jahrhunderts geschaffen. Sein Ziel war ein kraftvoller, aber nicht allzu schneller Stöberhund mit einem mächtigen Spurlaut, dem im dichten Unterholz leicht zu folgen ist. Er erreichte es durch Kreuzungen diverser Spaniels und Laufhunde. Der Sussex Spaniel hat eine Schulterhöhe von höchstens 40 cm bei einem Gewicht von knapp über 20 kg. Er ist massiv und solide gebaut, hat ziemlich große, sehr lange und dicke Ohren und einen leicht gewölbten Hals. Er hat üppiges, flaches Haar; es ist satt lebergoldfarben mit golden schimmernden Haarspitzen.
Er ist lebhaft, energisch und kräftig und hat einen charakteristischen,

rollenden Gang. Er ist anhänglich und verspielt, was auf dem Bild von Victoria du Gallet Doré und Frau Dominique Cornet-Gougon klar zum Ausdruck kommt.

Field Spaniel

Entgegen dem, was uns Gaëlle Teze auf dem Bild von Muharraq Sir Galahad glaubhaft machen will, hat der englische Feldspaniel keine verhältnismäßig breiteren oder längeren Ohren als andere Spaniels. Galahad ist schelmisch, aber auch ein Feinschmecker. Eines Tages, als er mit seiner Besitzerin im Wald spazierte, erblickte er ein Reh und nahm sofort dessen Verfolgung auf. Fräulein Teze wartete lange vergeblich auf seine Rückkehr; nach stundenlanger Suche fand sie Galahad, der ruhig Brombeeren fraß. Aber das Schleckermaul macht seine Fantasien durch ein weltmännisches Benehmen wett: wenn sich eine Person oder ein Hund - aber keinesfalls eine Katze - dem Polstersessel nähert, auf dem sich Galahad ausruht, steht er sofort auf und macht den Platz frei.

Der Field Spaniel ist in Frankreich sehr wenig verbreitet. Er hat einen schwereren Kopf und einen kräftigeren Fang als der englische Cocker Spaniel, einen längeren Rumpf und eine tiefer getragene Rute. Er ist ruhig, robust und schnell und wird als Gebrauchshund für die Niederjagd sehr geschätzt; er ist aber auch ein guter Apportier- und Stöberhund.

English Springer Spaniel

Er gehört zur großen Familie der englischen Spaniels und wurde von englischen Jägern geschaffen, die einen Allzweckhund wollten.

Er ist unter allen Landspaniels der hochläufigste. Seine Schulterhöhe beträgt etwa 51 cm. Er hat einen schönen Kopf mit mäßig breitem Schädel und gut angelegt hängendem und hübsch befedertem Behang. Seine ebenfalls befederte Rute ist ständig in Bewegung und drückt Lebensfreude und Dynamismus aus. Er hat schlichtes und dicht anliegendes, wetterfestes, aber nicht grobes Haar. Sein Fell ist zweifarbig (leberbraun und weiß oder schwarz und weiß) oder dreifarbig (beide Farben mit lohfarbenen Abzeichen).

Der Springer Spaniel ist ein vielseitiger Jagdhund. Seine Größe und seine Muskulatur erlauben ihm eine so große Schnelligkeit, daß er förmlich über das Heide- und Farnkraut zu fliegen scheint. Dank seinem kräftigen Fang kann er auch schweres und ziemlich großes Wild apportieren.

Er ist folgsam und paßt sich allen Lebenslagen an. Er kann sowohl in der Wohnung als auch im Zwinger gehalten werden, liebt aber ganz besonders das Familienleben, wie es Cleavehill Yorkshire Quest und Folk du Pigeonnier Bruyères zeigen; die Zwillinge Etienne und Renaud sind stolz, die Spaniels ihrer Mutter Fabienne Courtel vorzuführen.

Welsh Springer Spaniel

In Wales wird er auch Starter genannt. Er stammt aus einer gezielten Zuchtwahl, die im 19. Jahrhundert aus diversen lokalen Springer Spaniels gemacht wurde. Die Jäger wollten einen Springer Spaniel züchten, der folgende Eigenschaften aufweisen sollte: eine große Ausdauer, viel Mut und eine nimmermüde Energie.

Er unterscheidet sich vom englischen Springer Spaniel durch seine etwas geringere Größe und vor allem durch seinen relativ kleinen und ziemlich tief angesetzten Behang in Form eines Rebenblattes - Fidji, auf dem Arm von Mathias Catala, zeigt ihn sehr schön - und durch die Farbe seines Haarkleids, das nur satt dunkelrot und weiß sein darf.

Er ist schnell, lebhaft und ausdauernd, und vor allem auch sehr unternehmungslustig.

Fidji ist zwar folgsam, aber manchmal erliegt sie ihrem sehr britischen Sinn für Komfort und legt sich der Länge nach anstelle des Ehemanns ihrer Meisterin auf das Sofa vor dem Fernsehgerät. Doch die Neugier ist noch stärker: wenn Herr Catala an der Eingangstür läutet, verläßt Fidji den heiß ersehnten Platz, um zu sehen, wer kommt.

Spanischer Wasserspaniel

Perro de Agua Espanol
Dieser Hund ist vor allem in Süd-
spanien verbreitet. Wie man es bei
Darro de Ubrique sieht, von
Ricardo Taus Hortal, ist er rustikal
und gut proportioniert. Seine Haar-
struktur verträgt sowohl den Über-
gang von Trockenheit zu Feuchtigkeit wie umgekehrt, so daß er sich
in den Sumpfgebieten Andalusiens
äußerst wohl fühlt. Er ist treu, fröhlich und arbeitsam und gehört zu
einer Rasse, die von der Fédération
cynologique internationale nur vor-
läufig anerkannt worden ist; die
definitive Anerkennung kann erst
nach einer zehnjährigen Wartefrist
erfolgen, um der wissenschaftlichen Kommission die Feststellung
zu ermöglichen, daß die Rasse gut
fixiert ist und keinerlei Erbkrankheiten aufweist.

Englischer Cocker Spaniel

Ende des 15. Jahrhunderts gelangten Spaniel vom europäischen Festland nach Großbritannien. Mit einheimischen Hunden gekreuzt, wurden sie zum Ausgangspunkt zahlreicher und sehr unterschiedlicher Spanielrassen. Die Herkunft des englischen Cocker Spaniels wird auf den Springer Spaniel, einen Jagdhund, sowie auf die Toy Spaniels zurückgeführt. Seine geringe Größe erlaubt ihm, auch in dichtestes Dornengestrüpp einzudringen. Ende des 19. Jahrhunderts wurde er in Frankreich eingeführt.

Er ist ein aristokratisch aussehender Athlet mit einer mittleren Schulterhöhe von 40 cm und einem Gewicht von rund 13 kg und besitzt trotz kleinem Volumen eine große Kraft. Als passionierter Stöberhund ist der Cocker Spaniel wasser- und bringfreudig. Espion und Fabiolo (schwarz), Full Up und Django (blau) sowie Varec (rot), alle aus dem Zwinger "de Vaccarès", im Besitze von Catherine Jacquier-Graveleau, zeigen eine bemerkenswerte Auswahl der verschiedenen Fellfarben. Seine bunten Farben, sein seidiges Fell, seine harmonischen Linien, sein munteres Wesen, sein Mut beim Aufstöbern von Wild an unzugänglichen Stellen und seine Liebe zum Familienleben erklären seine große Beliebtheit sowohl als Jagd- wie als Familienhund.

Estalao Do Cao de Agua

Der portugiesische Wasserhund ist mit dem Barbet verwandt; beide stammen von einem mittelgroßen orientalischen Hund ab, den die Araber bei ihrer Invasion Europas und Besetzung der Iberischen Halbinsel mit sich führten.

Er ist mittelgroß, robust und muskulös und gut proportioniert. Sein Kopf ist gedrungen, seine Brust breit und sein Rücken kurz; seine Rute trägt am Ende eine Quaste. Er hat entweder langes, leicht gewelltes und nicht sehr dichtes, glänzendes Haar mit reichem Schopf (Perücke) oder relativ kurzes, dann lockiges, mattes und sehr dichtes Haar. Seine Fellfarbe ist entweder einfarbig schwarz wie bei Nosferatu de Montalin, genannt Dann, oder zweifarbig weiß und schwarz, oder weiß und braun. Pierre Botijo de Oliveira, dem am Herzen liegt, diese Rasse in Frankreich populärer werden zu lassen, zeigt die Geste, die von den portugiesischen Seeleuten und Fischern gemacht wurde, wenn sie ihre Wasserhunde auf die Suche nach aus dem Netz entwichenen Fischen sandten.

Der portugiesische Wasserhund ist wach, temperamentvoll und ausdauernd und hat ein ausgezeichnetes Sehvermögen sowie eine gute Nase.

Irish Water Spaniel

Der Irische Wasserspaniel ist das Kreuzungsprodukt von irischen Settern und Großpudeln. Der Zeitpunkt, an dem diese Rasse entstand, konnte nie mit Sicherheit festgelegt werden, aber man kann annehmen, daß er kurz nach der Französischen Revolution stattgefunden hat, als zahlreiche Adelige nach Irland auswanderten.

Er ist mittelgroß und hat ölige, dicht gekräuselte Ringellocken, die an ein Schaffell erinnern. Sein Fell ist von satter und dunkler Leberfarbe mit typisch purpurnem Ton. Eliot des Monts de Caux hat den charakteristischen Kopf der irischen Wasserspaniels: einen langen, kräftigen und ziemlich eckigen Fang, einen hochgewölbten, langen und breiten Schädel mit einem bis zwischen die Augen reichenden Schopf aus langen, losen Locken, eine gut entwickelte, dunkel leberfarbene Nase, sehr lange und lappenförmige, tief angesetzte und den Backen eng anliegende Ohren. Er ist feurig und eignet sich ganz besonders gut für die Federwildjagd. Er kann aber auch von anderen Jägern gehalten werden. Obwohl er Eliot für die Wasserjagd abgerichtet hat, konnte Jean-Paul Vieublé eines Tages mit Erstaunen feststellen, daß sein Hund ein Kaninchen aufstöberte; Herr Vieublé schoß es, und Eliot brachte es sofort und tadellos zurück.

Wetterhond

Dieser seit langem in den Niederlanden heimische Stöberhund wurde früher mit Vorliebe zur Otterjagd verwendet.

Er ist 59 cm hoch, kräftig gebaut, hat einen trockenen Kopf und einen völlig mit gelocktem Haar bedeckten Körper. Nur das Fell an Kopf und Läufen ist nicht gelockt. Die groben und talgigen Haare sind einfarbig schwarz oder braun, oder zweifarbig schwarz mit weißen Flecken, oder braun mit weißen Flecken.

Dieser ruhige und eigensinnige Hund ist mutig, zuverlässig und ausdauernd, und er kann sehr lange Wache halten, wie Enkel Fan It Gouden Wetterhart vor seinem Meister, Jean-Jacques Dupont.

Barbet

Seine Vorfahren waren nordafrikanische Hütehunde; er wurde von den Arabern in Frankreich eingeführt und wurde im Süd-Osten heimisch. Im Mittelalter setzten ihn die Bauern zur Bewachung ihrer Herden ein. Als sie seine jagdlichen Eigenschaften entdeckten, verwendeten sie ihn zum Wildern und suchten sich jagdlich besonders begabte Zuchttiere aus. Nachdem das Jagdrecht auf die gesamte Bevölkerung ausgedehnt wurde, wurde der Barbet nach der Französischen Revolution ein beliebter Jagdhund, der systematisch in Sumpfgebiet eingesetzt wurde. Nach dem Ersten Weltkrieg wurde er viel weniger gebraucht und starb fast aus. Gegenwärtig hat sich sein Zuchtbestand beinahe erholt.

Er hat eine maximale Schulterhöhe von 55 cm und ist mit langen, wolligen und gekräuselten, Schnüre und Ringellocken bildenden, oft filzigen Haaren vollständig bedeckt. Dieses Fell gewährt ihm einen guten Schutz gegen Kälte und Feuchtigkeit, und deshalb kann er gut im Sumpfgebiet jagen. Er hat dichte, lange Brauen, die manchmal seine Augen bedecken. Er kann einfarbig grauschwarz oder lehmgelb sein, auch schmutzigweiß oder weiß mit kastanienbraunen oder schwarzen Platten.

Colombo Noir des Marécages du Prince, genannt Cyrus, beeindruckt Françoise Couturas durch ein ganz besonderes Talent: wenn er einem Sumpf oder einem Fluß entlang läuft, gelingt es ihm immer wieder, Fische zu fangen. Standard nebenan: Filibuste des Canailles Deverbaux, von Jean-Claude Vallée.

Schoß- und Begleithunde

Diese Gruppe umfaßt Hunderassen, die zwar keine nützliche Arbeit verrichten, aber eine wichtige Aufgabe erfüllen: sie sind wertvolle Gefährten für isolierte Leute und dienen ihnen als Vertraute, beruhigen die Ängstlichen durch ihre Gegenwart, schenken den Einsamen ihre Zuneigung. Alle Hunde dieser Gruppe haben eine bemerkenswerte und unentbehrliche Sozialfunktion in der heutigen städtischen Zivilisation. Obwohl die meisten dieser Rassehunde klein sind, spielte die Körper-

größe keine Rolle bei der Gruppeneinteilung; viel wichtiger war die Eignung dieser Hunde für ein Leben als Begleithund. Professor Raymond Triquet drückte diesen Gedanken wie folgt aus: "Es gibt natürlich nicht einen einzigen Typus des Begleithundes. In der Gruppe der Schoß- und Begleithunde befinden sich all jene Rassen, die ihre Besitzer am liebsten durch ihre Gegenwart beglücken."

Havaneser

Bichon havanais
Der Grund, weshalb A Maiden Effort's Velasquez gerne seine Meisterin Nicole Perchet "dominiert", ist vielleicht seine Zugehörigkeit zum hochbeinigsten Schlag der Bichons - die Schulterhöhe des Havanesers beträgt 35 cm und sein Gewicht höchstens 6 kg. Bestimmt fühlen sich die Angehörigen dieser Rasse nicht als Despoten - im Gegenteil. Sie können zwar relativ würdevoll auftreten, zeigen sich aber sehr anhänglich und folgsam ihren Meistern gegenüber.
Der Havaneser hat einen flachen und breiten Oberkopf, große und sehr dunkle, vorzugsweise schwarze Augen und

einen relativ schmalen Fang mit flachen Wangen. Sein weiches und eher glattes, an den Spitzen leicht gelocktes Haar wird höchstens am Fang leicht geschoren. Er ist selten rein weiß, mehr oder weniger dunkelbeige, auch grau oder weiß mit beigen Flecken. Dieser kleine, aus dem Mittelmeerraum stammende Hund ist ganz besonders sauber.

Bichon a Poil Frise

Dieser Hund wird auch Ténériffe genannt. Er wurde in Frankreich im 15. Jahrhundert aus Kreuzungen von Malteser und Pudel herausgezüchtet; etabliert hat sich die Rasse anfangs des 16. Jahrhunderts unter der Regierung François I. Der Ténériffe war der Lieblingshund von Henri III. und war an allen großen Höfen Europas geschätzt. Aus dieser Zeit stammt der französische Ausdruck "bichonner", was soviel wie aufputzen oder verhätscheln bedeutet und bezeichnend ist für die Art, wie die Noblen mit ihren kleinen Begleitern umgingen. Anfangs des 20. Jahrhunderts begleiteten sie die eleganten Pariserinnen auf ihren Spaziergängen, aber nach dem Ersten Weltkrieg erlebten sie einen sehr starken Rückgang. Nach dem Zweiten Weltkrieg erhielt die Rasse dank der Zusammenarbeit französischer und belgischer Züchter neuen Aufschwung und erhielt offiziell die doppelte Nationalität.

Dieser kleine Hund ist robust, mißt 27 bis 30 cm, trägt den Kopf aufrecht und sehr stolz, hat ausdrucksvolle Augen, einen tiefschwarzen Nasenspiegel und reich behaarte Hängeohren. Sein feines, seidiges und Zapfenlocken bildendes Haar ist rein weiß und benötigt keine besondere Pflege.

Darling und Elfy de Kalfrety, Fougasse und Graffiti du Petit Orme zeigen, neben Sylvie Dordet, die Fröhlichkeit und die große Lebensfreude des Bichons à poil frisé, der immer gleichbleibender guter Laune ist und sich sehr diskret zeigen kann.

Bologneser

Dieser kleine italienische Hund stammt vom Malteser ab und war der Lieblingshund der Herzöge von Medici. In der Renaissance war er in ganz Italien weit verbreitet, geriet aber später langsam in Vergessenheit; heute werden in seinem Ursprungsland nur noch relativ wenige Geburten von Bolognesern registriert.

Wegen seiner langen, weißen Locken glauben viele Leute, er sei sehr pflegeintensiv, doch das schöne Fell muß nur einmal täglich gebürstet werden. Dieser kleine Hund hat eine Schulterhöhe von 27 bis 30 cm und ein Gewicht von 3 bis 4 kg; er ist verspielt und anhänglich und, wie Genepy du Mont-Aiguille, von Laurence Fluchaud, immer ernst und wachsam, wenn ihm eine Lage ungewöhnlich erscheint.

Coton de Tuléar

Der Untergang eines Schiffes, im 16. Jahrhundert in der Nähe von Madagaskar, an dessen Bord die Seeleute Malteser gehalten hatten, war der Ursprung dieser madegassischen Hunderasse. Den Seeleuten und ihren Hunden war es gelungen, bis zur Insel zu schwimmen; dort paarten sich die Malteser Bichons mit kleinen einheimischen Hunden. Das baumwollartige Haar der neuen Rasse und die Tatsache, daß sie in der Küstenregion von Tuléar, im Süd-Westen Madagaskars entstand, gaben ihr logischerweise ihren Namen.

Der kleine Wohnungshund mit einer Schulterhöhe von zirka 30 cm und einem mittleren Gewicht von 5 kg hat einen kleinen, dreieckigen Kopf mit dünnen Hängeohren, einen tiefschwarzen Nasenspiegel

und weit geöffneten Nüstern. Wie Diabolo Swing Five O'Clock und Evinrude du Petit Dan, die brav auf dem Schoß von Nathalie und Goran Brabani-Brkic sitzen, hat er ein wunderschönes, reinweißes Fell aus langen, feinen, leicht gewellten Haaren.

Er ist anhänglich, munter, immer gut gelaunt und immer zum Spielen bereit, und verbreitet eine sehr ansteckende Lebensfreude.

Malteser

Bichon maltais
Er ist der Älteste aus der Familie der Bichons und steht am Ursprung anderer Rassen. Er stammte ursprünglich aus Ägypten und gelangte im Gefolge der phönizischen Seeleute auf verschiedene Mittelmeerinseln, so auch auf Malta und auf Sizilien. War er zuerst auf Malta, wie sein Name es vermuten läßt? Man weiß es nicht. Fest steht, daß diese Rasse sich seit dem Mittelalter in Italien weit verbreitete.

Der Malteser hat eine Schulterhöhe von 21 bis 26 cm und ein Gewicht von 3 bis 4 kg und ist somit der kleinste der Bichons. Yvon Perrin, der Solitaire Abbyat du Fantôme von Harlekin hochhebt und Feeling du Fantôme von Harlekin auf dem Schoß hält, zeigt uns den langen

und schlanken Kleinhund, dessen Kopf, Körper, Läufe und Rute vollständig mit sehr langen, seidigen und glänzenden Haaren bedeckt sind, die ihm ein hoch elegantes Aussehen verleihen. Das reinweiße Haarkleid muß täglich energisch gebürstet werden.

Wie alle anderen Bichons ist der Malteser diskret, fröhlich, anschmiegsam und sehr aufgeweckt.

Löwchen

Wilfrid Vattement hat Fhidias Samson de l'Ancien Relais so stehen lassen, daß der Körperbau dieser Rasse aus der Familie der Bichons klar zur Geltung kommt (rechts). Durch die charakteristische Pudelschur und die Quastenrute erhält er das Aussehen eines Miniatur-Löwchens. Sein Haar ist lang und gewellt, aber nicht gelockt. Erlaubt sind alle Farben, aber am weitesten verbreitet sind weiße, zitronenfarbene und schwarze Fellfarben. Das Löwchen ist munter, intelligent und anschmiegsam und er weckt seine Meister durch energisches Bellen, sobald er eine Gefahr vermutet.

Pudel

Diese französische Rasse ging im Mittelalter aus Kreuzungen zwischen "barbet" und "chien d'oysel", d.h. zotthaarigen Schäferhunden und Bracken hervor. Im 17. Jahrhundert war er der Lieblingshund der Damen am französischen Königshof. Später eroberte er nach und nach die Gunst der verschiedenen Bevölkerungsschichten; den größten Bekanntheitsgrad erhielt er im 19. Jahrhundert. Sehr beliebt wurde er auch in den angelsächsischen Ländern und insbesondere in den Vereinigten Staaten, wo der Pudel immer unter den drei Hunderassen erscheint, bei denen der amerikanische Kennel Club die meisten jährlichen Geburten verzeichnet.
Er ist sehr harmonisch und ausgewogen gebaut und hat ein charakteristisches, meist gekraustes oder gelocktes Fell aus vollem und dichtem, wolligem, aber derbem (nie seidigem) Haar. Bei den seltenen ungeschorenen Tieren bilden sich Schnüre aus nicht ausgefallenem Althaar, das sich mit dem nachwachsenden jungen Spiralhaar verbindet. Diese Tiere nennt man Schnürpudel. Das Fell ist einfarbig weiß, tiefschwarz, silbergrau, apricot oder kastanienbraun. Seit einigen Jahren gibt es auch zweifarbige Varietäten, die jedoch noch nicht anerkannt werden.
Er hat einen tänzelnden und leichten Gang, eine sprichwörtliche Treue. Sein geselliges, temperamentvolles und wachsames Wesen hat aus dem ursprünglich auf Sumpfgebiete spezialisierten Jagdhund den populärsten Begleithund gemacht. Es gibt ihn in vier verschiedenen Größen.

Großpudel

45 bis 58 cm

Wenn man das stolze Gebaren von Charley Ston des Ducs de Bourbon, von Brigitte Garon-Laurent sieht, versteht man, warum viele Großpudelbesitzer diesen Pudelschlag auch Königspudel nennen (oben).
Calynka, Großpudel apricot, von Frau Alagiraude, widmet seine mütterliche Bewachung dem zwei Monate alten Help me Golden du château de Mesne (nächste Doppelseite).

Toypudel

kleiner als 28 cm
(Idealhöhe 25 cm)
Christiane Couroux ist die Besitzerin von Darling P'tit Fluff du Castel de Christ'Dogs und Cochy de l'Orée de Sologne, die beiden oben abgebildeten Toypudel, sowie von Bambi de l'Orée de Sologne (weißer Rüde, rechts) und Efanie du Castel de Christ' Dogs (schwarze Hündin, unten).

Kastanienbrauner Toypudel

E'Choco Punch Brown Star's, von
Patrice Loray, hat 1991 in Deutschland den Titel "Weltsieger" erhalten.

Weißer Zwergpudel

28 bis 35 cm
Darling White Morning, von Au-
drey Setbon.

Schwarzer Zwergpudel

Cinderella von der Hutzelschweiz, von Ute Eberhard.

Apricot Zwergpudel

Dorothée de la Robinière und Sylvie Marquis sind stolz auf Dolorès de la Robinière, die an der Weltmeisterschaft 1992 in Spanien als Siegerin hervorging.

del

önes, graues Haarkleid
ylan de Schwarz Igloo,
n und Frau Jean-Pierre
ein etwas gekünsteltes
. Er ist jedoch ein richtiger
, der sich gerne in Wald
rummelt und sich mit Vor-
ützen wälzt, Tiere verfolgt
Weihern und Tümpeln
r überwacht stets das
r seiner Besitzer, um Frau
u beschützen, sollte sich
ch angriffslustig zeigen.

Kleine Belgische Hunderassen

Obwohl sie an Hundeausstellungen separat gerichtet werden, weil die Fédération cynologique internationale jedem von ihnen einen Standard verliehen hat, gehören diese belgischen Hunde in züchterischer Hinsicht zur selben Rasse - der, der Belgischen Zwerggriffons - und sind nur drei unterschiedliche Schläge davon, die sich nur durch ihre Haarart und -farbe voneinander unterscheiden. Darum werden sie oft nur liebevoll als "kleine Belgier" bezeichnet.

Diese Zwerggriffons stammen von Rattenhunden ab, die früher vor allem für die Jagd auf Ratten und Mäuse in den Pferdeställen eingesetzt wurden.

Sie sind intelligent, keck, robust und kompakt und haben ein feingliedriges, elegantes Aussehen. Ihr Kopf ist verhältnismäßig groß und kugelig, mit einer extrem kurzen Nase und geraden, spitzen Ohren. Ihre aufrecht getragene Rute wird kupiert.

Belgischer Griffon

Sein Haar ist rauh, dicht, zerzaust und halblang, seine Farbe einfarbig schwarz oder schwarz mit roten Abzeichen, auch schwarz und rot gefleckt.

Wenn man Enzo de la Romance du Mal Aimé in den Armen von Marie-France Wall sieht, versteht man, warum die belgischen Zwerggriffons oft als Damenhunde tituliert werden.

Brüsseler Griffon

Das harte und zerzauste Haarkleid ist rot oder rostbraun, mit oder ohne schwarze Maske.

Endor's Crazy About You, von Elyane Villemot-Braun, hat ein angenehmes Wesen, ist folgsam und sehr anhänglich, wie alle belgischen Zwerggriffons.

Kleiner Brabançon

Das kurze Haar ist entweder einfarbig rot oder rotschwarz.
Wie es Stéphane Segal anhand von Daphné de la Romance du Mal Aimé, von Marie-France Wall, zeigt, macht die geringe Größe des kleineren Brabançons ihn zu einem Hund, der immer und überall mitgenommen werden kann. Der fast menschliche Ausdruck seiner Augen macht ihn unwiderstehlich.

Nackthunde

Diese Bezeichnung ist der Einfachheit halber so gewählt worden. Die völlige Nacktheit kommt beim Hund allerdings nicht vor, und diejenigen Tiere, die zu den Nackthunderassen gehören, haben immer einige wenige Haare auf dem Kopf und an der Rutenspitze.

Mexikanischer Nackthund

Xoloitz Cuintle
Dieser Nackthund stammt aus Mexiko und gehört einer sehr alten Rasse an. Seinen Namen hat er durch die Inkas erhalten, die ihn als den irdischen Vertreter des Gottes Xolotl betrachteten. Dieser Gott führte die Seelen der Toten ihrer definitiven Bestimmung zu. Umso erstaunlicher und widersprüchlicher ist es deshalb, daß die Inkas diesen Hund trotz aller Verehrung als ganz besonderen Leckerbissen betrachteten und ihn anläßlich großer Feste ohne jegliche Skrupel verzehrten.
Er ist fast vollkommen nackt und hat nur wenige Haare auf dem Kopf und an der Rutenspitze. Seine Gesamterscheinung ist anmutig. Seine glatte und sich sanft anfühlende Haut ist dunkelbraun, elephantengrau, grauschwarz oder schwarz.

Es ist der einzige Hund, der durch die Haut schwitzt; dies erklärt, weshalb er nur ausnahmsweise die Zunge heraushängen läßt.
Gegenüber Unbekannten zeigt er sich sehr würdevoll und zurückhaltend, wie B'Luna, auf dem Schoße von Pierre Maisonneuve. In Wirklichkeit ist der mexikanische Nackthund fröhlich, dynamisch und sehr gesellig. Er wäre in großen Wohnblöcken sicher sehr geschätzt, da er bemerkenswert sauber ist und nur sehr selten bellt.

Chinesischer Schopfhunde

Chinese Crested Dog
Der Ursprung des chinesischen Schopfhundes ist noch ungeklärt. Man weiß nur, daß er Ende des 19. Jahrhunderts von der Mannschaft eines amerikanischen Schiffes, das aus China kam, in die Vereinigten Staaten eingeführt wurde. Der Haarschopf, den diese Hunde haben, und die Herkunft des Schiffs haben diesem Hund den Namen gegeben.

Powder Puff

Der Körperbau dieses Schlags ist identisch mit dem des nackten Schlags, und beide können in einem Wurf vorkommen. Wie man es bei Gi'Yana du Gué de Launay, von Isabelle Arnoult, feststellen kann, hat dieser Schlag feines, seidiges Haar, die an eine Puderquaste erinnert. Anläßlich einer Hundeausstellung hat ein Besucher beim Anblick von Gi'Yana übrigens die erstaunte Bemerkung geäußert: "Siehe da, ein bekleideter Nackthund!" (oben).

Nackter Schlag

Dieser Nackthund ist schlank, feingliedrig, aktiv und anmutig; er hat eine Schulterhöhe von 28 bis 33 cm und wiegt höchstens 4,5 kg. Sein haarloser Körper - er hat einige behaarte Stellen am Kopf, an den Füßen und am Rutenende - kann gefleckt oder einfarbig sein. Der charakteristische Haarschopf beginnt am Stopp und reicht bis zur Schädelbasis (rechts).

Als Daniel Arnoult seinen Hund Gipez Kumar am Salon de l'Agriculture 1992 ausstellte, hörte er einen Besucher sagen: "Schaut Euch mal diesen Hund an - jetzt fängt man schon an, Hunde wie Schafe zu scheren!". Diese Bemerkung hat ihn so erstaunt, daß er am eigenen Leibe erfahren wollte, wie man sich als Nackter in der Öffentlichkeit fühlt.

278

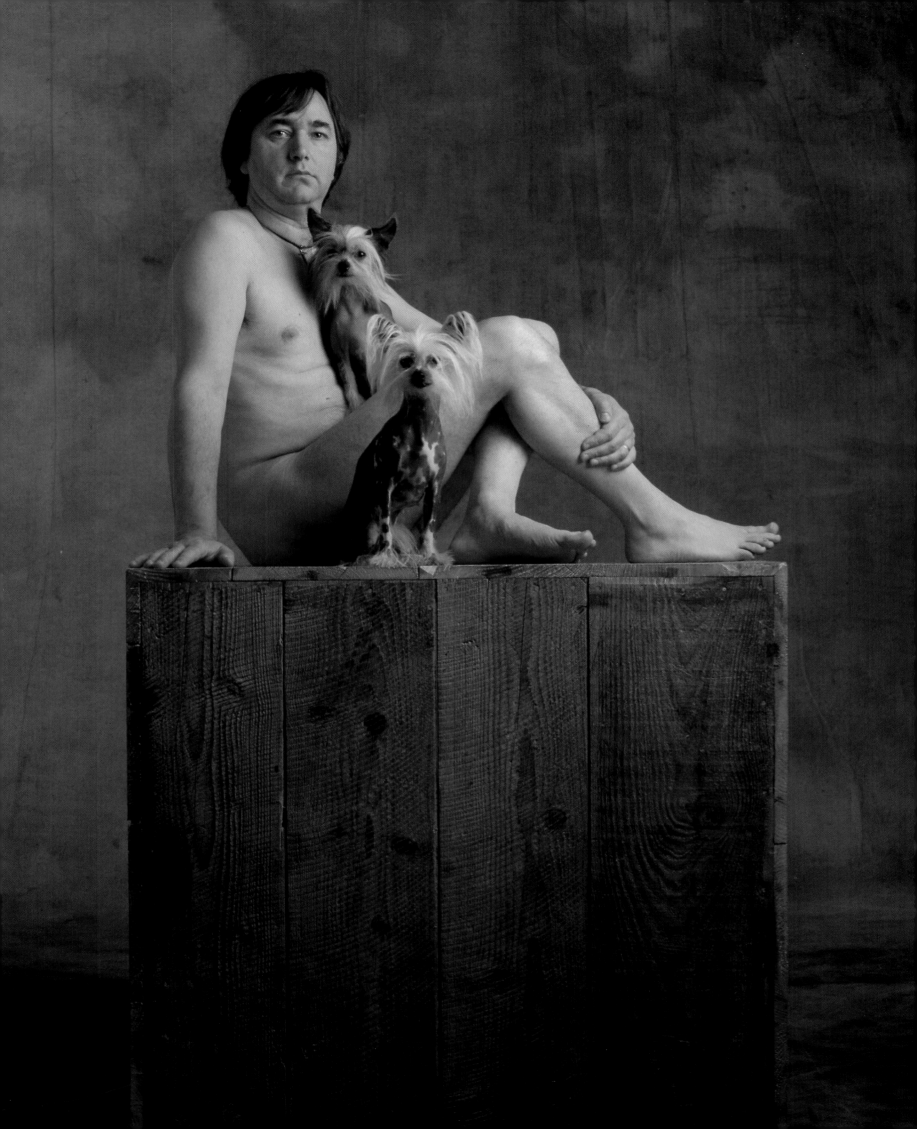

Shih Tzu

Die Körperhaltung von Dolmo du Domaine de Monderlay, den Frau Huaux über sich trägt, verrät die Tendenz des Shih Tzus, sich manchmal etwas herrisch zu zeigen. Diese Rasse soll im 17. Jahrhundert am chinesischen Kaiserhof durch Paarungen eines vom Dalai Lama geschenkten Lhasa Apsos und Pekinger Spaniels entstanden sein. Bis 1908 wurde die Rasse regelmäßig von den chinesischen Kaiserinnen weitergezüchtet.

Seine Schulterhöhe beträgt 22 bis 27 cm. Er hat einen breiten und runden Kopf mit großen, dunklen Augen, üppige Bart- und Schnurrhaare und einen Schopf, dessen Haare wie die Blütenblätter einer Chrysantheme aus-

sehen. Er hat ein überaus reiches Haarkleid aus langen, nicht gelockten Haaren, unter der Läufe und Pfoten verschwinden; die wie ein "Teekannengriff" getragene Rute ist reich befedert. Wegen seines Haarreichtums wird er oft als Salonhund betrachtet. Er ist ein sauberer, aktiver, verspielter und fröhlicher Familienhund.

Tibet Spaniel

Er zählt zu den ältesten Hunderassen; sein Urahne ist ein primitiver, asiatischer Spaniel, von dem die meisten asiatischen Kleinhunde abstammen. Ursprünglich wurde er in tibetanischen Klöstern von Mönchen gezüchtet, die seinen Gleichgewichtssinn, seine Geschicklichkeit und seine lustigen Haltungen schätzten, und die ihn zum Antrei-

ben der Gebetsmühlen benutzten. Zwischen den beiden Weltkriegen interessierten sich englische Züchter für ihn. Der erste Tibet Spaniel, der nach Frankreich gelangte, wurde erst 1979 ins Hundestammbuch eingeschrieben.

Er ist klein - zirka 25 cm, bei einem Gewicht von 4 bis 6 kg -, und hat einen länglichen Körper. Seinen kleinen Kopf, der die Form eines stumpfen Keils hat, trägt er sehr hoch, seine am Ansatz befederten Ohren hängen herab. Er hat ziemlich flach anliegendes, seidiges Deckhaar und feine Unterwolle, mit einer deutlichen Mähne an Hals und Schultern; seine Vorderläufe sind befedert, seine Keulen behost. Er kann goldfarben, rehbraun, schwarz, schwarz und lohfarben, buntfarbig, cremefarben, weiß oder braun sein.

Djetjun de la Garde Adhémar, ein

goldener Rüde mit schwarzer Maske, der neben Germain Gora sitzt, besitzt in höchstem Masse die charakteristischste Eigenschaft des Tibet Spaniels: die Unabhängigkeit. Bei jeder Gelegenheit, und insbesondere bei der Heimkehr nach Spaziergängen, gibt er sich jede erdenkliche Mühe, um nicht mit den anderen Tibet Spaniels von Frau Gora zu bleiben. Aufgeweckt und selbstsicher wie er sind auch Florette des Yomainris (auf dem Rücken von Germain), Hazan und Hangzou des Yomainris (vor ihm). Sie sind auch diskret und bellen selten.

Chihuahua

Es soll sich um einen Nachkommen der Techichis, der heiligen Hunde der Azteken, handeln, der im 10. Jahrhundert zusammen mit den Tolteken nach Mexiko gelangte. Wie die Azteken wurde er im 16. Jahrhundert zum Opfer der Conquistadoren. Einigen Hunden gelang es jedoch, zu überleben und sie wurden im Staate Chihuahua, an der mexikanisch-amerikanischen Grenze, ansäßig. Dort wurden deren Nachkommen im 19. Jahrhundert von amerikanischen Züchtern entdeckt. Sie interessierten sich für diese Rasse und gaben ihr den Namen der Provinz, in der sie sie entdeckt hatten.

Trotz seines zerbrechlichen Aussehens und seiner winzigen Körpergröße - er gilt als kleinster Hund der Welt und wiegt ungefähr 1,2 kg, bei einem Minimalgewicht von 900 g - ist der Chihuahua wachsam, lebhaft und ausdauernd. Er ist auch mutig und kann sogar sehr viel größere Hunde angreifen, wenn es sein muß. Er hat einen runden Kopf mit einem kurzen, etwas zugespitzten Fang und einem tiefschwarzen Nasenspiegel. Sein Körper ist kompakt und er trägt seine Rute in schönem Bogen über dem Rücken oder leicht seitwärts.

Der Chihuahua wird in zwei Schlägen gezüchtet, die sich nur durch ihr Haarkleid voneinander unterscheiden. Germaine Blondel stellt sie vor: links Carino Desierto del Perro, der das kurze, dichte und glänzende Haarkleid des kurzhaarigen Schlags aufweist, und rechts Ellips de l'Archevault, der zum langhaarigen Schlag gehört, der sich durch langes, leicht gewelltes Haar auszeichnet. Alle Farben und Kombinationen sind zulässig.

Lhasa Apso

Dieses sehr schöne Bild von Chakporis Calypso, von Annick Laurent, erinnert an die berühmte Aussage der Schriftstellerin Colette: "Ein Hund, das ist eine Haarkugel mit Herz". Es zeigt auch das wunderschöne Haarkleid des Lhasa Apsos, dessen Haare dicht und lang, gerade und hart, weder wollig noch seidig sein sollen, mit über die Augen fallenden, schönen Kopffransen und einer buschigen Rute.

Wahrscheinlich zählt der Lhasa Apso den Tibet Spaniel zu seinen Ahnen. Spezialisten meinen, der Lhasa Apso sei seines ausgezeichneten Hörvermögens wegen in tibetanischen Klöstern geschätzt gewesen, da er beim kleinsten ungewöhnlichen Geräusch die Mönche warnen konnte.

Es handelt sich um einen kleinen, länglich gebauten Hund. Seinen Kopf zieren ein mächtiger Schnurr- und Kinnbart. Sein Haarkleid kann einfarbig oder mehrfarbig sein; gold- und löwenfarbene Tiere werden bevorzugt, doch sind auch sand- und honigfarbene mit dunklen Haarspitzen an Ohr und Fang sowie dunkel- und schiefergraue oder rauchfarbige gestattet; zulässig sind ferner zweifarbig schwarzweiße und weißbraune Tiere. Chakparis Calypsos Farbe ist leicht rötlich, Frau Laurent suchte während vielen Jahren nach einem Tier dieser Farbe. Dieser Hund ist fröhlich und lebhaft, liebt Gesellschaft und ist äußerst sauber. Die Tibeter behaupten, er warne instinktiv vor Lawinengefahr.

Dalmatiner

Er ist vermutlich das Produkt eines "Cocktails" Bracke-Bull Terrier und vielleicht auch Pointer. Früher wurde er von den Postdiensten hauptsächlich als Kutschenbegleiter und -bewacher eingesetzt. Das Aufkommen des Automobils wurde dieser Rasse zum Verhängnis; erst nach dem Zweiten Weltkrieg gelang es ihr, etwas von ihrer Beliebtheit wieder zu erlangen, insbesondere nach dem Erfolg von Walt Disneys Zeichentrickfilm "Die 101 Dalmatiner". Er ist von mittelgroßer Statur, muskulös und bewegungsfreudig. Er hat einen langen und kräftigen Fang, gut anliegende Hängeohren und die weite Brust eines ausdauernden Läu-

fers. Die Rute wird mit leicht gebogener Spitze getragen, jedoch nie gerollt. Sein Haar ist kurz, hart, dicht und fein, glatt und glänzend, seine Grundfarbe ist Reinweiß; darauf gut verteilt, klar und scharf begrenzt sind schwarze oder lebrbraune, rundliche Tupfen.

Der Dalmatiner gilt als besonders treu, geduldig und folgsam. Von Dusty de la Mare aux Buis sagt France Le Mouël: "Mit einem Dalmatiner zu leben, heißt, mit einem einmalig gut gekleideten Aristokraten zu leben. Er hat ein weiches Herz und kann fast nicht mehr als Hund bezeichnet werden; mit Sicherheit ist er der beste aller Kameraden."

Tibet Terrier

Die Vorfahren dieses robusten Hundes, dessen Schulterhöhe 35 bis 41 cm beträgt, waren die Begleiter der tibetanischen Lamas; sie führten die Yakherden ins hohe Gebirge bereits mehrere Jahrhunderte vor unserer Zeitrechnung. Sie begleiteten die asiatischen Nomaden auf ihrem Vormarsch nach Europa und waren die Ahnen mehrerer europäischer Schäferhunderassen, insbesondere des Pyrenäen-Schäferhundes.

Sein Körper ist gut bemuskelt, kom-

pakt und kraftvoll. Er hat weiches, wolliges Unterhaar und feines, langes, schlichtes oder gewelltes Deckhaar, das sich wie Menschenhaar anfühlt. Er kann von jeder Farbe, außer kastanienbraun, sein.

Mit Leuten, die er kennt, zeigt er sich gesellig und temperamentvoll - wie Ardgowing Damelsa, von Frau Round Vanlaer, mit Christophe Chijou. Er ist auch intelligent und von ausgeglichenem Wesen, gegenüber Fremden äußerst vorsichtig. Wenn er unübliche Geräusche hört, warnt er sofort seine Besitzer.

Cavalier King Charles Spaniel

Er ist sehr alten Ursprungs und war, zwischen dem 16. und dem 17. Jahrhundert, der Lieblingshund der europäischen Höfe. Seinen Namen verdankt er dem Umstand, daß er im 17. Jahrhundert der Lieblingshund König Charles II. von England war. Die Änderung seines Aussehens im 19. Jahrhundert (s. King Charles Spaniel) führte zum Aussterben des ursprünglichen Typs dieser Rasse. Nach dem Ersten Weltkrieg bemühten sich englische Züchter, eine Hunderasse zu schaffen, die den Zwergspaniels an der Seite von Charles II. auf zahlreichen Gemälden gleicht. Dies gelang ihnen, und sie nannten diese Rasse Cavalier King Charles Spa-

niel.
Dieser bewegungsfreudige, lebhafte und anmutige Hund unterscheidet sich vom King Charles Spaniel durch seinen Kopf. Sein Oberkopf ist ziemlich flach zwischen den Ohren und er hat einen wenig ausgeprägten Stopp; der Fang ist leicht konisch, die Kiefer sind kräftig, mit einem perfekten Scherengebiß.
Er hat einen besonders gut ausgeprägten Geruchssinn und ein ausgezeichnetes Sehvermögen. Der Cavalier King Charles ist sehr fröhlich und ausgelassen, hat ein überschwengliches Temperament und fürchtet sich vor nichts.
Auf der oberen Abbildung zeigt Danielle Marchand Benjy und Elgath des Marliviers und ihre Welpen. Links Lillico Mulligan, von Wendy Lhote.

King Charles Spaniel

In der zweiten Hälfte des 19. Jahrhunderts waren die Züchter dieser Rasse der Meinung, der Mops sei wegen seines flachen Gesichts so beliebt, und sie bemühten sich, den Kopf ihrer Hunde demjenigen des Mopses anzugleichen. Sie brauchten dazu dreißig Jahre und bedienten sich möglicherweise einer intensiven natürlichen Auswahl, vielleicht aber auch der Einkreuzung anderer flachnasigen Rassen (Pekinese oder Mops).
Sein Kopf ist relativ mäßig und gewölbt, mit betontem Stopp, sehr kurzem Fang, zurückgeschobener, breiter und schwarzer Nase und mit reich behaartem und breit anliegendem, langen Behang. Er hat eine Schulterhöhe von 23 bis 30 cm und ein Gewicht zwischen 3,6 und 6,3 kg. Sein Haar ist lang,

reich, seidig, flach anliegend oder leicht gewellt, aber nie gelockt. Der "Blenheim" (zweifarbig) ist perlweiß mit kastanienbraunen oder gelbroten Platten, der "Ruby" tief kastanienrot.
Der King Charles Spaniel erträgt die Einsamkeit schlecht. Er ist durchtrieben, kann sich bei Bedarf jedoch sehr würdevoll geben, was der Fall ist für Tudormurst Royal Falcon und Dear Emma de Vilfloriane, die vor Sylvie Desserne (mit einem Junghund auf dem Arm) eine ruhige und zurückhaltende Haltung eingenommen haben.

Japan Chin

Er ist intelligent und sanft, liebt das Familienleben und die Kinder. Auch wenn sie mit dem jungen Michael Peupion spielen, sind sich Cho Cho, Ali und Fétiche (alle drei im Besitze von Ann-Christin Peupion und aus ihrem Zwinger "du Midnight Sun") immer ihrer Schönheit und ihrer orientalischen Würde bewußt (vorgängige Doppelseite). Ihre Vorfahren, die aus Korea stammten, gelangten im 8. Jahrhundert nach Japan. Um ihre Seltenheit zu bewahren, war es im Kaiserreich Japan Jahrhunderte hindurch ein Privileg des Adels, diese Hunde zu züchten.

Der Japan Chin ist ein sehr kleiner Hund, der eine Schulterhöhe von durchschnittlich 25 cm hat. Er hat eine verschwenderische Haarfülle, seidig und schlicht, leicht abstehend und am Hals eine schöne Krause bildend, weder gewellt noch gelockt, die ihm ein elegantes und anmutiges Aussehen verleiht. Er hat einen relativ großen Kopf mit hoch angesetzten, kleinen und V-förmigen Hängeohren. Er trägt seine wie ein Federbusch aussehende Rute dicht über den Rücken gelegt.

Die Rasse wird in zwei Schlägen gezüchtet, die sich nur durch ihr Gewicht voneinander unterscheiden: weniger als 4 kg, und von 4 bis 6 kg. Bei beiden Schlägen ist die Grundfarbe weiß mit gleichmäßig verteilten, klar abgegrenzten schwarzen oder rotgelben Platten.

Pekinese

Dieser aus China stammende Zeitgenosse von Konfuzius lebte früher ausschließlich am Kaiserhof. Als 1860 englische und französische Streitkräfte im Lorcha-Krieg Peking eroberten und den Kaiserpalast besetzten, fanden sie vier oder fünf Pekinesen, die sie als Geschenk für Königin Viktoria, für die Herzogin von Wellington und die Herzogin von Richmond nach England brachten. Die Herzogin von Richmond schuf eine erste Zuchtlinie, die "Goodwood", von der die meisten der heutigen europäischen Zuchtlinien abstammen. Der Pekinese kam anfangs des 20. Jahrhunderts nach Frankreich und wurde zwischen den beiden Weltkriegen zum Modehund.

Er ist ein gut proportionierter und gedrungener, kleiner Hund mit einem Idealgewicht von 3 bis 5 kg. Er hat einen massiven Kopf, einen breiten und flachen Schädel, lange, reich befranste Hängeohren, große, dunkle Augen, eine breite und sehr kurze, faltige Schnauze. Sein üppiges Doppelfell darf jede Farbe aufweisen, außer einem albinotischen Weiß und leberfarben. Das lange Oberhaar formt Mähne und Halskrause; Rute und Beine sind stark befedert.

Der Pekinese ist treu und würdevoll; unter seiner scheinbaren Teilnahmslosigkeit versteckt sich ein feuriges Temperament. Typische Vertreter ihrer Rasse sind Elie Beau Fou Chinn, umringt von Genesim Woodoo Lilly, Butterfly und Thalassa du Jardin de Trèfles sowie in den Armen von Herrn und Frau Dessouvages, Horn's Black Bird und Clémentine du Jardin de Trèfles.

Kontinentaler Zwergspaniel

Die ersten Spuren dieser Rasse finden sich im 14. Jahrhundert, in Flandern: damals wurde er zur Jagd auf Federwild verwendet. In der Renaissance wurde er der Schoßhund der noblen Damen an den europäischen Höfen; sie bewunderten ihren verschmitzten Ausdruck und ihre schönen Hängeohren. Im 18. Jahrhundert gerieten sie in Frankreich in Vergessenheit, aber die Rasse entwickelte sich in Belgien, wo die Züchter sich bemühten, ihn zu einer stehohrigen Rasse umzumodeln. Heutzutage werden die kontinentalen Zwergspaniel in zwei Schlägen gezüchtet und sind französisch-belgischer Nationalität. Sie sind robust, gut proportioniert, haben einen feinen und ausdrucksvollen Kopf, einen etwas länglichen Körper, gerade Läufe und eine federbuschartig behaarte, hoch angesetzte Rute. Ihre Schulterhöhe beträgt höchstens 28 cm und ihr Gewicht schwankt zwischen 1,5 und 5 kg. Die Grundfarbe ihres Haarkleids ist Weiß, mit verschiedenfarbigen (schwarzen und roten) Flecken und Platten.

Papillon

Pepejas Zantussa und Sovereign Torndals - sowie ihre beiden Welpen Gold und Gary in den Armen von Herrn und Frau Jean-Claude Maimberte, alle aus dem Zwinger "les Rouennaises du Petit Couronne" - haben die geraden und offenen Stehohren, die diesen Schlag charakterisieren.

Phalène

Wie man es bei Eden des Perles du Clos, von Sandrine Yonnet, sieht, hat der Phalène feine, schön befranste Hängeohren; wie alle seine Rassengenossen ist auch Eden sehr verspielt (vorgängige Doppelseite).

Boston Terrier

Er stammt von verschiedenen Kampfhunderassen ab, die zu Beginn des 19. Jahrhunderts in Europa und in den

Vereinigten Staaten in Hundekämpfen eingesetzt wurden. Um der Schwerfälligkeit der Bulldogge entgegenzuwirken, kreuzten gewisse Züchter in ihrer Bulldoggenzucht Terriers ein. Einer der dadurch entstandenen Mischlinge kam nach den Vereinigten Staaten, wo er mit einer ebenfalls aus einer Kreuzung Bulldogge-Terrier stammenden Hündin gepaart wurde. Die amerikanischen Züchter, die mit den Nachkommen dieser Paarung züchteten, wohnten in der Region von Boston, und sie gaben der neuen Rasse den Namen Boston Terrier; es handelt sich um die erste anerkannte amerikanische Rasse.

Wie The French Connection at Donmar, von Laurent Carniaux (oben) hat der Boston Terrier einen breiten Schädel, einen kurzen und quadratischen Fang, kleine Stehohren, einen vor dem Rutenansatz ganz leicht gebo-

genen, kurzen Rücken und eine kurze, gerade oder schraubenförmige Rute. Er hat kurzes Glatthaar, glänzend und fein in der Textur; er ist vorzugsweise schwarzgestromt, aber auch schwarz, mit gleichmäßigen weißen Markierungen. Der Boston Terrier hat einen anmutigen und kraftvollen Gang, der ihm ein selbstsicheres Auftreten verleiht. Er ist kein Zänker, aber er weiß, sich Respekt zu verschaffen und zögert nie, mutig einzugreifen, wenn er glaubt, seine Meister seien in Gefahr.

Französische Bulldogge, Bully

Pariser Liebhaber kleiner Doggen haben diese Rasse ab 1850 unter Einkreuzung englischer Zwergbulldoggen mit der alten französischen Bulldogge und mit Terriers herangezüchtet. Unter diesen Liebhabern befanden sich zahlreiche Metzger, so daß dieser Hund lange den Übernamen "Metzgerhund" trug. Ursprünglich im Zentrum und in den Ostquartieren von Paris angesiedelt, wurde dieser Hund berühmt, als ihn der französische Schriftsteller Pierre Mac Orlan zu seinem Lieblingshund erklärte.

Er ist leicht erkennbar an seiner geringen Größe, seinem breiten und eckigen Kopf, seiner stark verkürzten und zurückgestoßenen Schnauze, seinem kompakten und massiven Körper. Er hat dichtes, kurzes, glattes, weiches und glänzen-

des Haar und kommt in zwei Farben vor: sog. bringé, d.h. schwarz und nicht zu dunkel rotgelb gestromt, und caille, d.h. gescheckt mit Weiß als Grundfarbe. Reinweiß ist auch zulässig, falls die Wimpern und Lidränder schwarz sind.

Das Bild, auf dem Enny Idole de Livandy, genannt Etienne, wachsam neben Claire Jacquet steht, ist charakteristisch für den Bully, der äußerst anhänglich und kinderlieb ist.

Mops

Ist es die reiche historische Vergangenheit dieser Rasse, die Cupidon del Sol Lleban und Herrn und Frau Beretta (nächste Doppelseite) so nachdenklich stimmt?

Man vermutet, daß holländische Seeleute im 16. Jahrhundert aus China einige, von den Chinesen "Pai" genannte, kleine Molosserhunde nach Europa brachten und Wilhelm I. dem Schweiger (Wilhelm von Nassau), dem Statthalter von Holland und Seeland, schenkten, der sie danach immer und überall mitnahm. Sie sollen ihn gewarnt und ihm dadurch das Leben gerettet haben, als ein spanisches Kommando 1573 versuchte, ihn zu ermorden (später wurde er trotzdem Opfer eines Mordanschlags). Die Familie Oranien-Nassau verliebte sich in diese Rasse, und Wilhelm III.

von Oranien nahm sie mit zum englischen Königshof, als er 1689 dort zum König gekrönt wurde. Danach hatten nur die Noblen das Privileg, einen "Pai" zu besitzen; leider war dieses Privileg verbunden mit einer Zuchtbeschränkung. Erst nach der siegreichen französisch-englischen Expedition von 1860 erlaubten neu importierte Tiere der Rasse einen spektakulären Aufschwung gegen Ende des 19. Jahrhunderts. Als der Terrier anfangs des 20. Jahrhunderts zum Modehund der Europäer wurde, ließ das Interesse für den Mops nach. Nach dem Zweiten Weltkrieg, als der Herzog und die Herzogin von Windsor überall ihre Möpse mitnahmen, erhielt die Rasse neuen Aufschwung.

Er ist ein stämmiger und gedrungener Zwerghund mit einem runden und großen Kopf, schwarzen oder sehr dunklen, großen und kreisrunden, etwas vorstehenden Augen und hoch angesetzten, kleinen und dünnen, nach vorne überfallenden Knopfohren. Seine Rute ist hoch angesetzt und wird doppelt geringelt über dem Rücken getragen. Seine Farbe ist reines Silbergrau oder Gelbbraun bis Weißgelb (Apricot) mit schwarzer Gesichtsmaske und durchgehendem schwarzem Aalstrich bis zur Rutenspitze. Die schwarze Maske verlieh ihm die französische Bezeichnung "carlin", nach dem im 18. Jahrhundert äußerst populären italienischen Schauspieler Carlo, der auf der Bühne immer eine schwarze Gesichtsmaske trug. Trotz seines strengen Ausdrucks ist der Mops fröhlich, temperamentvoll und verspielt. Die Engländer kennen ihn unter dem Namen "Pug" (kleiner Hund).

Windhunde

Die Vorfahren der in dieser Gruppe erfaßten Hunde stammen aus den weiten Steppen Asiens oder aus den Wüstengebieten des Nahen Ostens und Afrikas. Sie waren Jagdhunde par excellence, die auf Sicht jagten und sich dazu seit jeher auf ihr ausgezeichnetes Sehvermögen, ihre Geschwindigkeit und ihre Größe verlassen konnten.

Ihre Nachfahren sind so gebaut - langgestreckte Linien und ein zugespitzer Fang, die ihnen eine große Eleganz verleihen -, daß sie eine enorme Geschwindigkeit erreichen können, aber sie sind auch sehr ausdauernd. Diese hervorragenden Jagdhunde haben seit Urzeiten Bewunderung und Begeisterung hervorgerufen: die französischen Könige hielten sich beeindruckende Windhundemeuten, mit denen sie in den Wäldern der Pariser Umgebung oder des Val de Loire auf die Jagd gingen. Doch jede Medaille hat ihre Rückseite: die Effizienz dieser Jagdhunde hat dazu geführt, daß Gesetze erlassen wurden, die ihnen verboten, zu jagen.

Um die Qualitäten dieser Rassen aufrechtzuerhalten, haben sich Kynologen als Ersatz für die Jagd spezielle Arbeitsprüfungen einfallen lassen: die Verfolgung einer Hasenattrappe auf einer Rennbahn, um ihre Schnelligkeit zu testen, oder in freiem Gelände (im Zickzack, um die Flucht eines Beutetiers nachzuahmen), um ihre Jagdfähigkeit zu prüfen. Die Durchführung solcher Prüfungen verlangt eine vertiefte Kenntnis der Aufzucht und des Verhaltens jeder Windhunderasse. Die erzielten Resultate spielen eine große Rolle für die Züchter bei der Wahl ihrer Zuchttiere und sind somit ein wichtiges Instrument zur Erhaltung dieser Rassen.

Alle Windhunde sind unabhängig und mißtrauisch. Diese kraftvollen Athleten brauchen sehr viel Bewegung und Auslauf und müssen jeden Tag Gelegenheit haben, sich in Freiheit auslaufen zu können, um ihren Drang nach Bewegung zu befriedigen.

Afghanischer Windhund

Er ist uralten Ursprungs und stammt aus einer wenig bekannten Gegend im Nordosten Afghanistans, so daß er seinen ursprünglichen Typus weitgehend beibehalten konnte. Als sich Afghanistan dem Tourismus etwas mehr öffnete, verboten Schutzmaßnahmen während langer Zeit den Export dieses großen Windhundes, so daß der erste Vertreter dieser Rasse erst 1907 nach Großbritannien gelangte; in Frankreich gibt es Afghanen erst seit 1930.

Er mißt 61 bis 74 cm und hat eine hohe Silhouette, die den Eindruck von Kraft und Würde erweckt. Eve U'zlo d'Ahmadâbâd, neben Christine Soliveau, bestätigt diesen Eindruck, der noch durch das stolz erhobene Haupt, den intelligenten Ausdruck, das hochmütige Benehmen und den unverkennbaren östlich-orientalischen Nimbus verstärkt wird.

Die überreiche Haarpracht des Afghanischen Windhundes besteht aus langem, seidenartigem Haar, das auf dem Rücken und auf dem Vorderkopf kürzer ist; auf dem Rücken bildet es einen sogenannten Sattel. Die schwach befederte Rute zeigt am Ende einen leichten Ringel. Es sind alle Farben zugelassen. Der Afghane ist stolz und unabhängig und besitzt immer noch einen starken Jagdinstinkt und beste Läuferqualitäten.

Magyar Agar

Die Herkunft dieses ungarischen Windhundes läßt sich in Ungarn über viele hundert Jahre zurückverfolgen. Er stammt aber aus Asien und kam mit den ersten Magyars nach Europa, als sie sich im 9. Jahrhundert im Becken der Karpaten niederließen. Um ihn zu verfeinern und seine Schnelligkeit zu verbessern, wurde er im 19. Jahrhundert mit Greyhounds gepaart.

Er ist etwas weniger lang als der Greyhound und unterscheidet sich von ihm auch durch seine dünne und ziemlich lange, feingeringelte und zwischen den Hinterläufen herabhängende, im Affekt hoch angehobene Rute mit hakenförmiger Spitze, die an seinen asiatischen Ursprung erinnert. Er hat eine maximale Schulterhöhe von 70 cm, einen langen, dreieckigen Kopf, kleine, breite und weit hinten angesetzte, gekippte

Ohren, einen gut bemuskelten Hals und einen geraden Rücken. Er hat mittelfeines, glattes und kurzes Haar, und seine Farben sind erbsengelb, rot, kaffeebraun, auch gestromt, aschgrau oder schwarz, selten ganz weiß oder weiß gescheckt.

Vera Arpadhazi ist die erste Vertreterin dieser Rasse in Frankreich; sie wurde 1987 importiert. Christophe Carrier hängt sehr an ihr, insbesondere auch, weil er mit ihr die erste

Zucht der Magyar Agar in Frankreich begonnen hat. Diese Rasse begeistert ihn sowohl durch ihre athletischen Eigenschaften und ihre Ausdauer wie durch ihr mutiges und zurückhaltendes Wesen.

Sloughi

Der Sloughi stammt vom primitiven asiatischen Windhund ab und kam im 7. Jahrhundert im Gefolge der aus Mekka zurückgekehrten arabischen Streitkräfte in den Maghreb. Seine Entwicklung war ziemlich anarchistisch, aber schließlich ergab sich bei den Windhunden der Nomadenstämme ein homogener Typ. Die Araber bezeichneten ihn als "El Hor" (der Edle) und wiesen ihm in ihren Zelten einen Ehrenplatz zu.

Er mißt 66 bis 72 cm und wiegt

ungefähr 30 kg und hat einen eleganten und feinen, länglichen Kopf, einen beinahe geraden, relativ kurzen Rücken und eine sehr dünne und hagere Rute. Seine Haut ist so fein, daß die trockene Muskulatur durch sie hindurch schimmert, wie man es bei D'Selma besonders gut sieht. Ihr distanzierter Ausdruck könnte glaubhaft machen, daß sie die Anwesenheit von Renée Lagrange ignorieren will; dem ist jedoch überhaupt nicht so, denn unter ihrem hochmütigen Gebaren verbirgt D'Selma, wie alle Sloughis, eine große Anhänglichkeit zu ihren Meistern. Ohne es zu zeigen, überwacht sie Frau Lagrange sorgfältig und ist jederzeit bereit, ihren Befehlen nachzukommen.

Saluki

Seine Vorfahren waren große, primitive asiatische Windhunde, die vor 10'000 Jahren in Zentralasien lebten. Die Briten entdeckten diesen persischen Windhund am Ende des 19. Jahrhunderts und begannen anfangs des 20. Jahrhunderts mit seiner Zucht. In Frankreich wird er seit dem Zweiten Weltkrieg gezüchtet.

Bloody Grizzly de Cassandra, vor Claudine Boyaval, und Esmeralda de Cassandra, über ihr stehend, erwek-ken den für den Saluki cha-rakteristischen Eindruck von Anmut und Symmetrie (oben).

Er hat eine Schulterhöhe von 60 bis 71 cm und ein Gewicht zwischen 15 und 30 kg. Sein Körperbau ist der eines Jägers; er hat einen langen, schmalen Kopf mit ziemlich hoch angesetzten Hängeohren, die mit langen, seidigen Haaren befranst sind.

Seine tief und breit angesetzte Rute ist mit langen, seidigen Haaren reich befedert. Sein glattes, weiches und glänzendes Haar kann weiß, isabell-farben, beige, goldfarben, rot, grau und lohfarben, schwarz und lohfar-ben, oder dreifarbig sein. Sein tiefer und treuer Blick verleiht ihm einen freundlichen und würdevollen Aus-druck.

Irischer Wolfshund

Ephaistos of Leanan Sidhe und Dew of Leanan Sidhe, die von Herrn Bridier (rechts) vorgestellt werden, rufen einen Eindruck von absolut kontrollierter Kraft hervor, aber auch von Ruhe und Sanft-heit. Sie stammen von großen, rauh-haarigen Windhunden ab, die zu Beginn der christlichen Ära in Europa wohnten. Vom 10. bis zum 17. Jahr-hundert wurde der Irische Wolfshund zur Wolfsjagd eingesetzt. Er hat eine

Schulterhöhe von cirka 90 cm und ein Gewicht von 80 kg und gilt - zusam-men mit der Deutschen Dogge - als der größte aller Hunde. Er ist sehr mus-kulös und kräftig gebaut und sehr leb-haft. Er trägt Kopf und Hals besonders hoch. Sein rauhes und hartes Haar ist grau, gestromt, rot, schwarz, rein-weiß, rehfarben oder von jeder ande-ren Deerhound-Farbe. Er eignet sich besonders gut als Wachhund für größere Gutsbesitze, da seine impo-sante Erscheinung bereits genügt, um eventuelle Einbrecher abzuschrecken.

Deerhound

Mistic-Myth of the Funny Hill, von Frau Duval-Pinset, ist phlegmatisch und voller britischen Humors (nächste Dop-pelseite).

Der Name "Deerhound" (Hirschhund) erinnert daran, daß dieser 76 cm hohe Windhund von den primitiven Windhunden abstammt, die von den Kelten drei Jahrhunderte vor unserer Zeitrechnung nach Schottland einge-führt und in den bewaldeten Bergen der Highlands zur Hirschjagd einge-setzt wurden.

Der schottische Windhund hat einen langen Kopf mit flachem Schädel und einem spitzen, sich gleichmäßig ver-jüngenden Fang. Sein Hals ist lang, seine Schultern sind schräg gestellt; in der Ruhe wird die lange, tief ange-setzte und spitz auslaufende Rute bis nahe an den Boden zwischen den Läufen herabhängend getragen. Auf dem Körper sind seine Haare hart und drahtig, 8-10 cm lang, struppig und rauh, nie seidig weich oder wollig; einzig an Kopf, Brust und Bauch sind sie etwas länger und weicher. Seine Farbe ist vorzugsweise schiefergrau, grau oder gestromt, aber auch gelb, rotgelb oder rotgrau mit schwarzer Maske und schwarzen Ohren.

Greyhound

Seine Ahnen waren große, primitive Windhunde, die zusammen mit den Kelten auf die britischen Inseln gelangten. Im Mittelalter war der Greyhound dem englischen Adel vorbehalten, der als einziger das Privileg der Jagd besaß. In der Renaissance pflegten die Adeligen zum Zeitvertreib ihre Greyhounds zur Hasenhatz einzusetzen. Später, als auch Bürgerlichen erlaubt wurde, sich einen Windhund zu halten, wurden solche Wettkämpfe immer häufiger, und gewisse Züchter kreuzten einige Bullterriers ein; die heutigen Rassenmerkmale stammen aus jener Zeit. Der Greyhound ist kräftig gebaut und hat eine Schulterhöhe von 71 bis 76 cm. Sein langer Kopf und sein langer Hals, seine hohe und weite Brust und sein ziemlich langer, quadratischer Rücken zeichnen eine harmonische und ärodynamische Silhouette. Er hat feines, kurzes und glänzendes Haar und ist einfarbig schwarz, weiß, rot, blau, fahlgelb, gestromt oder zweifarbig mit weißen Flecken. Der frühere Hirschjäger hat seinen Jagdinstinkt behalten. Seine Schnelligkeit und seine Ausdauer sind bemerkenswert.

Herr Labastrou gehört zu einer Familie, die immer windhundbegeistert war. Er selbst liebt über alles den wunderbaren Athleten Danton du Lavoir de Datchet, der für ihn die Treue verkörpert.

Whippet

Obwohl sein Name erst gegen Ende des 19. Jahrhunderts auftaucht, eine sehr alte Rasse, die bis zu ihrer offiziellen Anerkennung "Snap dog" hieß. Um den Typ der Hunde zu verfeinern, kreuzte man in den letzten Jahrzehnten des 19. Jahrhunderts den drahthaarigen Fox Terrier ein; eine spätere, strenge Zuchtauslese auf Grund der bei den sehr populären Hasenhatzen erzielten Resultate fixierte den Typ endgültig.

Er hat einen langen Kopf mit kleinen Rosenohren, eine sehr hohe Brust, einen breiten, eher langen Rücken und eine lange, dünne Rute. Sein Haar ist fein, dicht und kurz und kommt in allen Farben oder Farbmischungen vor. Dieser dynamische Hund kann auch ruhig sein, so wie die vier Whippets um Emil du Manoir de la Grenouillère, zu Füßen von Jackie Bourdin (rechts). Der Whippet ist jedoch ein Jagdhund, der blitzschnell eine Verfolgung aufnehmen kann; wenn er aufmerksam oder aufgeregt ist, hat er die Tendenz, die Ohren zu stellen. Die Whippets von Frau Bourdin nehmen regelmäßig an Arbeitsprüfungen teil.

Nebenan, Oakbark Master Quizz, von Alain Olu.

Galgo Español

Die Römer führten die keltischen Windhunde in Spanien ein, während die Araber asiatische Windhunde mitbrachten. Der Galgo soll das Kreuzungsprodukt dieser verschiedenen Rassen sein. Jedenfalls gilt er als spanischer National-Windhund. Gewisse Züchter, die der Meinung waren, der Galgo sei nicht schnell genug, kreuzten Greyhoundblut ein. Daraus entstand der moderne Galgo, der normalerweise den Hasen auf Sicht jagt (in Spanien dürfen Windhunde jagen), aber auch für die Kaninchen- und manchmal die Fuchsjagd verwendet wird.

Er hat eine Schulterhöhe von 65 bis 70 cm und wiegt zirka 30 kg. Sein Kopf ist lang und schmal und er hat gut geöffnete Nasenflügel und dreieckige Ohren mit überfallender Spitze. Er hat einen langen Rücken und einen aufgezogenen Bauch. Seine lange, spitze Rute wird mit leichter Biegung angehoben getragen. Er kann in allen Farben vorkommen, aber am typischsten sind löwengelbgestromt und weiß.

Es gibt ihn in zwei Schlägen, die sich durch ihre Haarart voneinander unterscheiden.

Beim ersten Schlag ist das Haar hart und halblang, wie das von Vasconcico, genannt Vasco (schwarz) und Villancico, genannt Vivaldi (gestromt), die beide Pierre Faure (rechts) gehören. Sie zeigen das typische Haarkleid des Galgos und sind von hervorragender Ausgeglichenheit. Sie trainieren regelmäßig, indem sie einer Attrappe

auf Sicht hinterherjagen.

Vincanilla, genannt Vinca, von Claude Berger, gehört zum zweiten Schlag der Galgos (oben). Sie hat ein schönes, gestromtes Fell aus kurzen, feinen, glänzenden und dichten Haaren. Sie steht sehr ruhig neben Laetitia Gesret, der Enkelin von Herrn Berger, und ist sehr folgsam, was eine der spezifischen Eigenschaften des Galgos ist.

Italienisches Windspiel

3000 Jahre vor unserer Zeitrechnung nahm das Italienische Wind-
spiel bei den alten Ägyptern einen
Vorzugsplatz ein; den Ägyptern
war es gelungen, den primitiven
asiatischen Windhund zu miniaturi-
sieren. Man vermutet, daß
während der ägyptisch-römischen
Kriege die Windspiele nach Italien
gelangt sind. Ihre Blütezeit hatte sie
dort während der Epoche des
Rokoko, wo sie von den Patrizierin-
nen als Schoßhunde gehalten,
aber als Hetzhunde auf Hasen verwendet wurden. Die Suche nach
Raffiniertem, die typisch für die
Renaissance war, bewirkte ein
nochmaliges Ansteigen der Popu-
larität dieses rassigen kleinen
Windhundes, der in England auch
Italienischer Greyhound genannt
wird.

Unter der geringen Größe verbirgt der kleinste der Windhunde einen lebhaften und energischen Athleten, der längere Zeit galoppieren kann, ohne zu ermüden. Dieses Vorbild an Anmut und Eleganz ist auch ein lebhafter und anhänglicher Begleiter. Er hat einen langen, schmalen Kopf, einen konisch sich zuspitzenden Fang, kleine, feine, hoch und weit hinten angesetzte Rosenohren. Seine großen Augen sind sehr ausdrucksvoll. Sein kurzes, feines, glänzendes und sich weich anfühlendes Fell ist einfarbig schwarz, schiefergrau oder isabellefarben, wobei weiß an Vorderbrust und Pfoten zulässig ist.

Der Trail-Champion Ever Black de Shirkan und seine Fangemeinde gehören Evelyne Diacquenod, die oft Belle Bressane de Shirkan erwähnt, die Mutter von Ever Black, welche regelmäßig ihre Unabhängigkeit demonstrierte. Jeden Tag begrüßte sie die Blumenhändlerin, kam dann kurz nach Hause, um eine kurze Siesta zu machen, begab sich darauf zum Fernsehhändler und zum nahegelegenen Café und grüßte dort kurz ihre Bekannten, und ging schließlich zur Küche des Metzgers, wo sie immer willkommen geheißen wurde. Dort richtete sie sich häuslich ein und wartete auf Frau Diacquenod, die vom Metzger telefonisch herbeigerufen wurde.

Barsoi

Obwohl sein Ursprung noch umstritten ist, stammt der Barsoi wahrscheinlich auch von asiatischen Windhunden ab. Die Rasse wurde bereits im 15. Jahrhundert, unter der Herrschaft Iwan des Schrecklichen, fixiert. Seither gilt er als russischer Nationalhund. Seine Schöpfer hatten sich bemüht, einen Windhund hervorzubringen, der zur Wolfsjagd eingesetzt werden könnte, d.h. stark, schnell und hochbeinig sein mußte. Der Barsoi entsprach all ihren Erwartungen.

Er kann bis zu 82 cm hoch werden und hat lange und seidige, wellige oder großlockige, jedoch nicht wollige Haare. Das Haarkleid ist reinweiß, weiß mit gelb, orangerot, gestromt oder mit grauen Abzeichen, auch schwarz und weiß. Seine großen, dunklen, mandelförmigen Augen unterstreichen den Adel seines sehr schmalen und langen, trockenen Kopfes. Sein ziemlich kurzer Rücken geht in einem flachen Bogen harmonisch in den Lendenteil über, seine lange Rute ist befranst und wird sichel- oder säbelförmig herabhängend getragen.

Er hat sich mit der Zeit vom reinen Jagdhund zum Begleithund gemausert, aber er beweist, wenn man ihm die Gelegenheit dazu gibt, daß er immer noch ein leidenschaftlicher und mutiger Jäger sein kann. Manchmal zeigt er sich gegenüber fremden Hunden leicht unverträglich, aber er kommt bestens mit denen aus, die im selben Haushalt wie er wohnen. Dutka de la Polianka (weiß und lohfarben) und Kiev de la Polianka (weiß und schwarz), von Herrn und Frau Pélisson, haben eine unabänderliche Gewohnheit: sobald einer von ihnen aufsteht und hinausläuft, macht der andere dasselbe.

Azawakh

Dieser elegante Windhund folgte im 8. Jahrhundert den Bevölkerungen der Sahara nach Westafrika, als sie vor den arabischen Eroberern flüchteten und sich auf dem Zentralplateau von Mali, am Ufer des Flusses Azawakh, niederließen.

Er ist 74 cm hoch, hat einen langen, feinen Kopf und flache Hängeohren, eine weite und tiefe Brust, einen geraden Rücken, lange, trockene Gliedmaßen und eine lange, dünne Rute. Sein kurzes, feines Haar ist sandfarben bis braun. Sein feingliedriger, schlanker Körperbau mit den durch die feine, straffe Haut schimmernden Muskeln ist sehr auffällig. Beim Anblick der stolzen, ja quasi kaiserlichen Haltung von Casque d'Or des Nomades Bleus, die über Françoise Heidmann steht, versteht man leicht, weshalb die Nomaden aus der Sahara den Azawakh als ein Paradetier betrachten.

Mischlingshunde

1991 gab es in Frankreich schätzungsweise 7'300'000 Hunde, davon 1'500'000 von der Société centrale canine erfaßte Rassenhunde. Sie sind nicht "reinrassig", wie oft behauptet wird, da die Hunderassen ja das Ergebnis vorerst spontaner Paarungen (als die Zuchtwahl ausschließlich von Mutter Natur durchgeführt wurde), später gezielter Paarungen waren (als Darwins Theorien angewendet wurden). Für die Kynologen ist eine Rasse "eine Gruppe von Lebewesen der gleichen Art, die eine Reihe von erblichen, morphologischen, physiologischen und psychischen Merkmalen sowie dieselbe Haarart und -farbe gemeinsam haben". Was aber sind die 5'800'000 anderen französischen Hunde? Mischlinge, d.h. Hunde ohne feststellbare Rasse, deren Abstammung unbekannt ist und die keinem bestimmten morphologischen Typ zugeordnet werden können.

Der Tierarzt Pierre Rousselet-Blanc beschreibt den Mischlingshund und seine möglichen Eigenschaften wie folgt: "Es handelt sich um einen meist mittelgroßen, zweifarbigen Hund mit unregelmäßigen Flecken. Sein Aussehen kann gefällig sein, aber es ist unmöglich vorauszusagen, wie seine Nachkommen aussehen werden. Oft ist er fröhlich, aufgeweckt, lebhaft, und er kann auch bemerkenswerte Fähigkeiten aufweisen. Die Anhänglichkeit, die er seinen Meistern widmet, ist meist bedingungslos. Es wäre allerdings falsch, zu behaupten, daß seine Fähigkeiten diejenigen der Rassehunde übersteigen: er hat dieselben Möglichkeiten und dieselben Schwächen. Die Gesundheit der Mischlingshunde ist weder besser, noch schlechter oder anfälliger als die eines Rassehundes."

Aus dieser Meinung eines großen Hundekenners kann demnach folgendes geschlossen werden:

- ein Mischlingshund, der seinem Meister Liebe und Treue schenkt, verdient es, in derselben Weise behandelt zu werden;

- welche die Qualitäten und Fähigkeiten eines Mischlingshundes auch immer sein können, ist die Wahrscheinlichkeit ihrer Vererbung auf die Nachkommenschaft praktisch gleich Null und man sollte aus diesem Grunde seine Fortpflanzung verhindern;

- wenn man es aus philosophischen oder sonstigen Gründen vorzieht, sich einen Mischlingshund als Begleiter anzuschaffen, sollte man sich an eine tierschützerisch tätige Gesellschaft wenden (Tierschutzverein o.ä.), die nur solche Tiere abgibt, deren Gesundheit und Benehmen durch einen Tierarzt kontrolliert worden sind. Vom Kauf eines Mischlingshundes bei einem Hundehändler sei dringend abgeraten. Wenn sie nicht selbst krank oder unterernährt sind, stammen sie möglicherweise von solchen Tieren ab, und oft erleiden sie wegen schlechter Haltung bereits im frühesten Welpenalter psychische Schäden. In sehr vielen Fällen werden sie außerdem viel zu jung abgegeben, bevor sie im Wurf von ihrer Mutter die wichtigsten Grundbegriffe hündischen Wohlbenehmens erlernt haben.

Wenn Sie einen Rassehund kaufen, verlangen Sie vom Züchter eine Ahnentafel oder zumindest einen Nachweis über die Herkunft der Elterntiere. In unklaren Fällen sollten Sie sich beim Dachverband der nationalen Hundeklubs informieren.

Danksagungen

Es liegt mir sehr am Herzen ganz besonders folgenden Personen zu danken:
Sylvie Mignon, von der Société centrale canine, die geduldig all unsere Fragen über die Hunde und ihre Besitzer beantwortet hat; Pierre de Mascureau, Direktor der Société centrale canine; allen Handwerkern, die in letzter Sekunde das Fotostudio fertig eingerichtet haben: die Schreinerei Michel Duperche, das Maurerunternehmen Yves Cojean, die Elektriker Flèche und Morin sowie Willy décors.
Ein ganz besonderes Dankeschön gebührt meinen beiden Assistenten, Françoise Jacquot, die sich um die Rendez-vous kümmerte, und Marc Lavand, der für die Beleuchtung zuständig war, und natürlich vergesse ich auch Jean-Philippe Piter nicht.

Die Filme wurden im Laboratorium GT3P aus Saint-Remy-l'Honoré entwickelt.

Danke, für die Erstellung des Erstabdrucks und die Vorstellung des Projekts, dem Laboratorium Rush Labo in Paris.

Die Fotos wurden mit Mamiya RZ 67 und Canon Eos 1 aufgenommen und mit den Godard Blitzgeräten beleuchtet.

Danke der ganzen Mannschaft von Sotexi und insbesondere Giselle Nicot.

Filme Kodak Ektachrome 100 X

Fotoverteil
Yann Arthus-Bertrand.
Fax (1) 45.66.52.05

Künstlerische Leitung:
Philippe Pierrelée, assistiert durch Sophie Domenach

Verlagssekretariat:
Laurence Basset

Index